I0618685

DEMAIN
ON PARLERA

Gérard Lacoste

Copyright © 2016 Gérard Lacoste

Tous droits réservés.

Création graphique : © 2016 Marie Dallocchio

ISBN: 978-2-7466-9792-8

REMERCIEMENTS

Je remercie Chris Simon et Marie Dallocchio pour leurs encouragements et leur soutien.

SOMMAIRE

Écrabouillé   3

Demain on parlera   18

Nuit de chine   26

Le néon   37

Dune en Mauritanie   49

Le chemin   63

Le cadre   74

Nuit de désamour   85

Le Café de la Place   96

Mortel jogging   106

La rencontre   117

Scénario pour un ascenseur   128

Élisa   136

« Le plus grand bien est peu de chose, car toute la vie n'est qu'un songe, et les songes rien que des songes. »

Calderón

ÉCRABOUILLÉ

D'après eux, ça pouvait s'arranger. Une rude partie, vu le terrain concédé à l'adversaire, mais c'était jouable. En fait, les zones d'ombre permettaient tous les espoirs. C'était un peu l'art et la manière d'interpréter un flou artistique. On n'y voit rien disent certains, il faut imaginer disent les autres. Question d'appréciation. Moi, j'étais neutre. Je pensais à ces roches plates que l'on soulevait délicatement sur la côte basque, au bas des falaises à l'écart des plages de sable. On y dénichait un crabe apeuré, parfois une famille entière et nous avions peur à notre tour. J'en prenais un par une patte, et le jetait en direction des filles qui me renvoyaient des gerbes d'eau. Les cris ameutaient les parents, dérangés dans leur manque d'occupation. Au moins, il se passait quelque chose.

De l'autre côté de la table ovale en wengé brun finement veiné, ils s'agitaient un peu. Celui de droite torturait un vieux stylo Bic, un tic qu'il réservait aux moments délicats. Le plus jeune avait déjà regardé sa montre deux fois : un bref coup d'œil d'abord, plus ostensiblement ensuite. La blouse blanche ouverte sur un polo gris perle, sans doute pensait-il à ce court de tennis qu'il avait retenu pour six heures. Avec les embouteillages, il ne fallait plus traîner. Au centre, le professeur avait insisté sur le travail d'équipe pour mettre au point un protocole : « votre adhésion madame, à vous-même et à votre mari, est essentielle ». Son siège pivotant gémissait poliment, signifiant que c'était terminé, que tout avait été dit. Qu'il fallait partir.

Je n'avais pas été aussi calme depuis bien longtemps. Serein. Un pouls impeccable : cinquante-trois pulsations au repos, comme au temps où je pratiquais régulièrement le jogging. Je contrôlais mes pulsations tous les jours. Plusieurs fois. J'ai finalement admis que je n'étais pas cardiaque. L'infarctus traînait tellement à se manifester, qu'il m'avait eu à l'usure. Je m'étais inconsciemment rendu à l'évidence : les palpitations n'auraient pas ma peau ! Alors j'ai laissé tomber. Cette manie de presser le creux de mon poignet l'œil rivé sur la trotteuse de ma montre m'a quitté. Ça me reprend aujourd'hui, l'angoisse en moins. Un peu comme si un mécanisme interne reproduisait les mêmes attitudes dans des circonstances comparables, mais avec en prime la quiétude du temps qui passe. L'air était pâle. Le printemps bégayait à la mi-mai, pauvre en piaillements d'oiseaux et soirées tièdes. Un bruit familier de vaisselle me tira du canapé. Sandra installait les couverts sur la terrasse. Je lui fis remarquer que la fraîcheur montait, qu'elle préférerait sans doute diner à l'intérieur. Mais elle protesta. « Je sais que tu aimes dîner dehors, sentir l'herbe humide mêlée à l'odeur des roses ». Elle faisait des concessions, déjà. Je me joue de sa maladresse. C'est un peu brutal, elle ne sait quelle attitude adopter. Dommage qu'elle n'ait pas montré avant ce comportement indécis. Il lui va plutôt bien, lui donne le charme désuet des amoureuses d'antan, lorsqu'elles avaient peur de blesser, de perdre celui qui les avait séduites. Cette délicatesse de circonstance me touche malgré tout. Il suffirait peut-être qu'elle dessine un sourire sur ce visage sévère. Je l'observe. Le temps ne nous laissera pas le temps de faire semblant de recommencer. Je n'en ai plus envie. Je ne sais si mon attitude agace ou bien rassure Sandra. Je suis un peu comme ces athlètes qui se concentrent avant de se lancer. On respecte leur préparation en silence, presque religieusement. Mais je le fais par jeu plus que par nécessité. Elle l'ignore. Le souvenir en serait altéré si je lui révélais. J'hésitais. En prendre un demi peut-être ? Je n'en ressentais pas le besoin. Je dormais tellement mal depuis tellement longtemps, que je n'allais pas m'en priver aujourd'hui. Je le remis délicatement dans son logement de plastique, et le refermai tant bien que mal avec le morceau d'aluminium déchiré. J'envoyai négligemment la plaquette dans un coin de la crédence de la cuisine, ou j'oublie habituellement les médicaments que je ne prends pas. J'ai eu raison. Ce fut une merveilleuse nuit d'insomnie, peuplée d'aventures improbables. Jeune, je me rêvais dans la maturité, aventurier courageux sur tous les continents. Aujourd'hui, je me réinvente une jeunesse, les illusions en moins. Je ne dors pas vraiment, je sommeille. Immobile dans mon coin de lit, je revisite ma vie, je l'améliore. Je la vis.

Fatigué, j'aurais de quoi me plaindre pour la journée. On respecte mieux un homme qui a les traits tirés. Elodie s'apitoierait mollement, elle est habituée. J'ai de plus en plus de mal à provoquer sa sympathie. Un vieux reste d'empathie simplement. Quoi qu'il en soit, il faudrait bien que je lui dise, sinon elle m'en voudra jusqu'à la fin, sa fin à elle. Je me plaisais à le croire en tout cas. C'était une jeune femme lorsque je l'ai embauchée. J'ai la faiblesse de penser que je lui plaisais. L'attrait pour les hommes murs, mâtiné de l'intérêt de conserver son emploi. Elle n'avait rien à redouter maintenant. L'âge l'avait rattrapée. Moi, je retenais le mien de plus en plus mal. Les jeux de la séduction s'étaient abîmés, ustensiles dérisoires dans un tiroir d'inutile bric-à-brac. J'imaginais la scène : en arrivant dans son bureau ? Ou bien plus tard dans le mien ? Au café, dans la petite pièce commune, au risque d'être dérangés ? On peut toujours imaginer, la réalité impose ses circonstances sans se soucier de vos projets.

Je n'avais pas mal. Pas vraiment, pas encore. Juste une sorte de langueur dans le

ventre, avec parfois une pointe. La piqûre infligée par une infirmière indélicate, mais qui retire très vite l'aiguille pour se faire pardonner. Pour un peu, elle vous ferait même un sourire : « C'est rien, ça va passer ». Ça passe, mais ça revient de plus en plus souvent. J'ai trop longtemps cru que le banal mal au ventre de l'enfance se répétait. Le ventre, un logement de molle tuyauterie complexe, souillé par sa fonction, et qu'il suffit de soulager pour calmer ses caprices. Trop accaparé par un cœur en parfait état, mon ventre en capilotade me fait payer mon mépris. Cette douleur me renvoie sur la plage pendant les brèves vacances d'été. Le vent frais, l'eau froide et la peur de l'immensité de l'océan déclenchaient des douleurs aiguës qui me pliaient en deux et exaspéraient mes parents. J'avais alors le droit de rentrer, de m'installer sous la véranda aux piliers de bois rouge écaillé, à l'abri des agressions intestinales. Ces instants de solitude étaient mes vraies vacances. Je pouvais rester là des heures durant, à rêver d'un avenir pour lequel je convoquais les personnages inspirés de mes lectures, revisités par mon imagination.

La décision, c'est vers trois heures du matin que je l'avais prise. Mais les décisions s'évanouissent souvent au lever du jour, vous abandonnent les yeux cernés. Pourtant, la douleur sourde, aussitôt levé, assurait mon choix. Sandra n'osa aucune objection. Je voyageais habituellement plusieurs jours par mois pour mon travail. Elle vit dans ce besoin de ne rien changer une volonté de défier le mal. C'était une reddition.

Je pris plus de temps que d'habitude pour me préparer : rasé de plus près, excès d'eau de toilette, crème hydratante que je négligeais toujours. Le costume bleu marine, et une chemise blanche que je ne portais plus. Trop classique. J'évitai la cravate soigneusement choisie, mais l'emportais malgré tout. Pourquoi tant d'attention ? Je pensais à la toilette des morts : pourquoi tant d'attention ? J'eus envie d'échanger quelques mots avec un voisin que je connais à peine. Exempt de tristesse autant que de gaieté, je flottais dans un détachement pour l'instant salutaire. En propriétaire consciencieux, je refermai délicatement le portail : un vantail, puis l'autre, sans heurt ni impatience. Je le laissais ouvert généralement. Je mettais de l'ordre aujourd'hui. Avant de partir. Je tâtai les poches de mon veston, puis l'ôtai pour le déposer sur le siège du passager. Les médicaments étaient là, je n'avais rien oublié. Ça serait plus dur sans eux. Je démarrai, doucement, en ménageant la mécanique. Ma voiture était presque neuve, et j'avais envie d'éprouver le confort de cet intérieur luxueux. Un choix audacieux qui avait surpris Elodie. Quoi, n'ai-je pas le droit de me faire plaisir ? Je pris soin de ne pas ajouter « à mon âge », mais elle comprit l'argument subliminal que je contestais quelques années plus tôt. Elle était à l'affut de mes contradictions. Elle me les reprochait comme on le fait pour les défauts des gens que l'on aime. Aujourd'hui elle les critiquait.

Les aires de repos sont des criques aménagées pour naufragés volontaires. J'aimais m'y échouer, le temps d'un café accompagné d'un croissant. Une récréation pour ponctuer le voyage, évacuer la lassitude d'une autoroute monotone. Sur le parking des poids lourds, un fourgon qui fut bleu marine ployait sous la charge informe de matériels hétéroclites. Une famille d'émigrés désemparés demeurait dubitative devant l'air penché du fardeau. Le diagnostic établi, les anciens, à l'écart, exténués, semblaient s'en remettre aux plus jeunes. A l'intérieur, des ballots de tissus multicolores et fanés s'écrasaient sur les vitres. Il fallait se décider, prendre le risque de poursuivre la route dans cet équipement, ou bien se livrer à une opération sans garantie de succès. L'aîné des garçons monte prudemment à l'assaut de la galerie, sous la surveillance de sa sœur cadette qui mordille son index d'inquiétude. Deux autres garçons attendent les ordres du grand. La machine à café émit un bip. Je pris le gobelet et le posai sur le mange-debout blanc maculé de cercles bruns et de miettes croustillantes, reliefs des pauses petits déjeuners des voyageurs du matin. Je glissai la main dans ma poche droite, en retirai une plaquette de pilules blanches. J'hésitais. J'en pris trois. Je terminai lentement mon café, machinalement attiré par des postes de radios clinquants en promotion sur un présentoir central. Je ressentais la fatigue, un début d'engourdissement. Il fallait avancer. Dehors, la camionnette était cernée par des chaises, deux cantines militaires cabossées et un vieux frigo qui me rappela celui qui avait trôné dans la cuisine familiale durant une quinzaine d'années. Un Westinghouse imposant, réputé increvable et tout en rondeurs, ramené du Maroc par mes parents après l'indépendance. « On n'allait pas leur laisser ! » Disait souvent mon père. C'est, avec quelques plateaux de cuivre et une table basse en marqueterie, les seuls objets qu'ils avaient rapatriés. En même temps que moi dans un couffin. L'avènement des premières cuisines intégrées avait estompé l'amertume de mon père, et remisé le vieux Westinghouse au garage.

Une partie du chargement était restée en place sous une bâche de plastique bleu clair. Comment s'y prendrait-il le savant triumvirat du centre hospitalier, pour tout remettre en ordre ? Quelques bonnes paroles pour les éloigner en douceur ? Comment ceux-là allaient-ils arriver à destination ? Dans quel état ?

La route sinueuse délivre avec parcimonie des coins bleus d'océan. Je ne reconnais rien. L'autoroute m'a depuis longtemps confisqué le plaisir de rouler sur la corniche. Je choisis enfin un endroit en surplomb de la falaise pour me garer. Je la devine à cent mètres à peine. En bas, à marée basse, sous les pierres plates les crabes m'attendent patiemment. Pas question de les déranger gentiment. C'est un séisme qui les attend. J'entends la voix de ma sœur cadette : « écrabouille le » hurlait-elle de peur. Mes mains tremblent. Inutile de prendre d'autres pilules. J'enclenche la marche arrière pour prendre, depuis la route, le recul nécessaire à mon élan. J'accélère très fort, mes jambes molles sont envahies de fourmis.

Je n'aurais jamais imaginé en être capable. Voler ! Je suis d'abord incrédule, mais quelques figures hardies me confirment que je vole vraiment. Pas très haut, mais bien au dessus de l'herbe verte, proche des humains et loin des contingences du bipède ordinaire. Dans un accès de témérité bien tempérée, je risque un passage dans le vide, au dessus de l'eau, sans m'éloigner. Le vent gifle mon visage. Je reviens vite vers la terre ferme. C'est donc possible, je n'en reviens pas ! Je m'élance à nouveau, saute par dessus les rochers, lentement, pour jouir de cette faculté extraordinaire. Je suis plus léger que l'air, je défie les lois de la pesanteur, et je voudrais comprendre. Serais-je l'unique représentant de la race humaine à posséder ce pouvoir ? Vouloir percer un mystère est toujours risqué. Rester dans l'ignorance est insupportable. Ce doute métaphysique m'est fatal : je retombe lourdement au bord de la falaise, esquisse quelques pas maladroits sans parvenir à retrouver l'équilibre, et glisse dans la pente qui m'entraîne dans le vide.

Je l'entends dans une sorte de torpeur effrayée. Un cri primal. Le mien. Je sors du rêve devenu cauchemar. Je suis allongé, immobile, toute tentative pour me redresser renvoie ma tête creuser l'oreiller. Sandra et Elodie sont là, penchées au dessus de mon buste, le regard inquiet, le geste protecteur en suspend. Pianissimo, disent leurs mains au mouvement délicat de chef d'orchestre, qui sait exactement l'effet qu'il veut obtenir. J'obéis. Sandra prend ma main droite, doucement, plus fermement enfin, pour la maintenir à cause de la perfusion scotchée sur le dessus avec du sparadrap blanc. Un peu plus tard, Elodie effleure ma main gauche, pour m'empêcher de retirer le tuyau qui encombre mes narines. Je me débats mollement, me réveille lentement.

Je ne ressens rien. Tout geste est vain, immédiatement réprimé par les deux vestales qui m'entourent. Le plafond blanc évoque le néant plus sûrement que n'importe quelle tentative de description scientifique. Je suis comme une larve anesthésiée en attente de mutation, maintenu dans cet état par des tubes en plastique. Je ne souffre pas. Juste une sensation désagréable dans les jambes, qui me détourne de mes tripes et des crabes. Je ne résiste pas au sommeil. Je m'évade.

Trois jours, c'est un bon tempo pour un coma ordinaire. J'en suis sorti avant que ça ne devienne compliqué. Je n'ai rien de cassé, mais je suis bleu de partout, cabossé comme un manifestant pacifiste après un congrès altermondialiste. C'est surtout le frigo, le coin du frigo, lorsqu'il a rencontré mon crâne après avoir défoncé le pare brise. Pour les cantines et le reste, la voiture s'était plutôt bien comportée, elle avait amorti le tout en comprimant un peu ma personne ramollie par les fourmis accumulées dans mes membres. Les pompiers pensaient extraire un corps sans vie, mais je respirais tranquillement, sonné par les somnifères et ma rencontre avec un réfrigérateur candidat malheureux à l'émigration. La famille de marocains s'en sortait bien. Des contusions, mais rien de grave. Bien sûr, le retour au pays était pour l'instant compromis. La camionnette, déjà bien fatiguée, était hors d'usage. Nous étions liés par des situations que nous n'avions pas choisies, acteurs improvisés d'une médiocre tragédie.

Je m'habitue à la pénombre. Le rideau en lambeaux de la petite porte d'entrée filtre la blancheur de la lumière, laissant apparaitre le fourgon Peugeot neuf, qu'Hamid et moi avons ramené hier. L'air épais transporte doucement les odeurs suaves de mouton épicé. La mère annonce en arabe que le couscous est prêt. Hamid et sa sœur nous rejoignent autour de la table basse, les deux jeunes garçons suivent. La mère prend place et le père tend la main vers le plat de viande, signifiant ainsi que nous pouvons commencer à manger.

Je l'avais presque oubliée, elle se mit à vibrer un peu comme un téléphone mobile, mais plus longtemps et sans interruption. Hamid me sourit en m'indiquant le frigo tout neuf qui meuble le mur sombre au fond de la pièce. La pompe à morphine s'arrête, la douleur devrait diminuer. Elle m'accompagne dans ce voyage comme un chien fidèle qui se manifeste de temps en temps. Elle réclame la friandise qui la calmera. J'augmente le dosage d'une caresse discrète sous mon T shirt. Je reprends de la graine de couscous, moins agressive que la viande épicée pour mes tripes délicates. Partager, c'est le mot qui me vient soudain à l'esprit. Ai-je jamais auparavant partagé un repas ? Des déjeuners d'affaire où l'on s'observe pour mieux se gruger, des diners entre amis où l'on s'épie pour mieux se juger. Ce silence respectueux, ces mains qui plongent dans le même plat, cette nourriture ainsi partagée depuis des siècles me réconcilient avec ce qui me reste de vie. Un rai de lumière attire notre attention. Hamid referme délicatement la porte du frigo, et revient vers nous, les bras chargés de canettes de soda. La pompe vibre à nouveau, comme pour manifester son impatience. Moi, je suis disposé à prendre mon temps.

DEMAIN ON PARLERA

Il y avait beaucoup de monde dans le métro vers six heures du soir. Je marchais lentement, je cherchais mon chemin, j'avais tout mon temps. Nul ne connaissait de limite au ventre boulimique de la capitale. Lieu de non vie pour voyageurs pressés. Lieu de survie pour les sans travail, les sans logis, les sans papiers. Ceux là humanisaient ces endroits sans en avoir le droit. Un peu de musique, un jonglage vite appris, permettaient de récolter quelques pièces chichement consenties. D'autres erraient définitivement hors jeu. Epouvantails vivants, ils bougeaient à peine dans l'air immobile. Ils regardaient sans voir, anesthésiés par l'alcool. La grande faucheuse ne les contournerait plus longtemps. Ces boyaux véhiculaient des bouts d'existence entre parenthèse. Transit obligé pour aller du boulot au repos. Appendice dans lequel on pouvait abriter son dernier spasme avant la crise. Parfois le ventre n'en pouvait plus. Ca grouillait tellement à l'intérieur qu'il était contraint de se soulager. Des odeurs acres annonçaient ces désordres. Des plaques de vomi endiguaient des flaques d'urine. Du vin ruisselait pour se mêler à des coulures de bière. Des excréments humains se confondaient avec des déjections canines. Habituellement, je prenais un taxi à Orly, ou bien je louais une voiture. J'avais pris le métro. J'anticipais.

Un bref coup de fil de Claudine m'avait informé que je devais rencontrer Lussac le lendemain matin à huit heures. Vous avez juste le temps de monter, s'était t-elle excusée. Elle savait, moi aussi. Je songeais que je la verrais pour la dernière fois. Son sort était scellé depuis quelques jours. Elle regagnerait son Poitou natal. Résignée. Elle bénéficiait d'un régime spécial de fin d'activité. Un montage complexe devait l'amener jusqu'à la retraite. Du palliatif à coup de morphine monétaire mettait fin à sa carrière d'assistante de direction dévouée. Les grandes manœuvres étaient engagées depuis des mois. Seul un quarteron de cadres supérieurs sans pouvoir régnait sur des bureaux déserts. A la colère avait succédé l'amertume, que l'ironie des propos rendait supportable. La chronique d'une mort annoncée se nourrissait de ses derniers épisodes.

Ma tête était vide. Je flânais dans cette agitation souterraine. Rien ne pouvait freiner ma progression vers l'hôtel où je passerai la nuit à ne pas dormir. La probabilité d'une rencontre était mince. Un ange noir, affecté d'une légère claudication, enveloppé dans un imperméable mastic, venait me démontrer le contraire. Je n'avais jamais vu Lussac ailleurs que dans son bureau. Ou bien l'air préoccupé, tanguant dans les couloirs, un dossier à la main. Quelques années plus tôt, la chimiothérapie ne lui avait pas épargné la perte des orteils du pied gauche. Son absence prolongée lui avait fait craindre le pire. Bras droit du directeur des ressources humaines, il connaissait mieux que personne les usages en vigueur. Il se sentait redevable d'avoir conservé son emploi. On en profitait pour l'utiliser comme exécuteur des basses œuvres. La matière ne manquait pas. Je m'arrêtai simplement, sans aller vers lui. Sa surprise le décontenança un instant. Il se ressaisit et avança. Je lui souris mais restai muet. Je ne comptais pas l'aider à trouver le fil conducteur dans les explications qu'il ne manquerait pas de me fournir. Je le savais intarissable.

Lussac était un cadre singulier. Sa silhouette trapue et bancale avait définitivement renoncé à toute élégance. Jusqu'au plus chaud de l'été, il portait un pull léger de couleur beige, dont l'encolure en pointe ridiculisait une cravate au nœud difforme. Il quittait rarement une veste trop longue, sur un pantalon aux plis abolis. Dans son bureau étroit, il était le seul à avoir conservé le mobilier des anciens locaux jugés trop vastes. Il avait insisté, disait-on. Cela l'obligeait à se glisser de profil le long de la cloison, pour aller se réfugier dans un fauteuil complice. A l'abri derrière l'épais plateau de chêne patiné encombré de strates de dossiers, il pouvait enfin sourire. Les deux chaises de métal noir recouvertes d'un velours marron fatigué, accueillaient des visiteurs de plus en plus nombreux. Lussac jubilait. En quelques mois, il était devenu l'élément indispensable d'une machine diabolique. Il s'agissait de vider la société de toute sa substance humaine. Une opération délicate qui nécessitait beaucoup de doigté et une grande abnégation. Des qualités que Lussac avaient justement acquises au petit séminaire, quelques décennies plus tôt. Il n'avait guère eu le temps de les mettre en pratique. Cet engagement, ses parents l'avaient pris pour lui sans qu'il en connaisse les causes, pour le rompre deux ans plus tard sous prétexte de sa mauvaise santé. Il se souvenait des éclats de disputes qui fusaient régulièrement de leur chambre, après cet événement. Il n'y eut jamais d'explications. Le mutisme demeurait la règle familiale. Il gardait de cette période un mélange de ressentiment et de culpabilité. Après sa licence en droit, il postula au service juridique de la société Saint Firmin et Compagnie. Plus haut dans les étages, les instances dirigeantes étaient catholiques ferventes et pratiquantes. Il devint leur bedeau. Sa morne carrière de serviteur s'étirait sans éclat. Les restructurations de la compagnie, dramatiques pour la plupart des salariés, devaient révéler sa part d'ombre en le projetant dans la lumière. A l'instar de ces acteurs soudain grisés par quelques succès, il surjouait ce Torquemada que les circonstances lui avaient proposé. Cadre obscur et besogneux, Lussac brillait devant un parterre réquisitionné.

Ce fut une litanie encouragée par mon silence,

relancée d'un imperceptible hochement de tête, dont j'usais à la manière du chef d'orchestre qui fait démarrer les cuivres ou atténue les cordes. Nous déambulâmes à pas comptés. Lussac s'anima, devint démonstratif. Pour mieux m'asséner quelques lieux communs sur la situation économique, il retint mon bras, et leva les yeux cherchant une approbation dans les miens. Je demeurais impassible, il épuisait son répertoire. Il me prodigua des compliments et parvint à me faire rire : « tu es un élu, rien de fâcheux ne peux t'arriver. Tu rebondiras ! ». Je l'en remerciai. Il continua, évoqua ces usines qu'on avait fermées. Tous ces amis pour qui il avait dû trouver une solution. Certains lui donnaient des nouvelles d'une reconversion réussie. Son débit ininterrompu semblait rythmé à contre temps par sa jambe estropiée. Il avait retrouvé toute son assurance. La voix un peu trop grave, le geste un rien théâtral, il habitait maintenant son personnage.

Mon attention se relâchait. Je laissais divaguer mon esprit. Quelques années plus tôt, au cours d'un séjour à Paris, les garçons attendaient avec impatience de prendre le métro. Ils étaient intrigués par ces bouches qui avalaient des piétons et en rejetaient d'autres.

Hélène et moi échangions des regards amusés. Nous observions nos deux fils, muets d'étonnement, à la découverte de l'intensité de cette vie souterraine mystérieuse. Cet événement fut longtemps évoqué dans nos conversations. Aujourd'hui, leur téléphone portable est l'indispensable vecteur d'un langage codé, Internet le principal pourvoyeur d'innombrables amis virtuels. Le fast food s'est substitué aux repas en famille. La télévision est confisquée aux fins de jeux vidéo. L'essentiel de leur communication se limite à des demandes expertes d'un argent de poche toujours vital. Hélène encourage ces comportements et les adopte parfois. Ma femme n'est plus que leur mère. Je suis devenu l'agent économique d'un foyer sans flamme. Au milieu de cette foule indifférente qui déambule dans le continuum d'un dédale absurde, ma conscience s'éveille. Comme ces usagers quotidiens du métro, je me suis laissé porter par le flot incessant d'un fleuve, au gré des crues et des passages à gué. J'ai pagayé sans réfléchir, pressé de naviguer sans me retourner. Des milliers de doubles de ma propre personne fourmillent autour de moi. Je marche parmi eux, automate lucide. Je devine l'issue qui me conduira peut être vers la lumière, la possibilité de choisir, de cesser de négocier avec le cours du fleuve et d'éviter des écueils toujours plus nombreux. Le couloir balayé par un souffle qui vient de nulle part emporte mes doubles. Le calme revient comme après le passage d'un rapide tumultueux.

Le monologue de Lussac berçait ma réflexion. Récemment promu coupeur de tête, il contribuait à libérer la mienne des scories qui la polluait. Un fort courant d'air salvateur emporta l'air lourd et chaud. Je me sentis flotter un instant. Flanqué d'un ange noir boiteux et bavard, j'ouvrai enfin les yeux. J'éprouvais une curieuse sensation de liberté. Je pressai le pas, je voulais sortir du tunnel.

Dans le bruit de la rame qui arrivait, je perçus des mots familiers : performance, dynamisme, productivité... Le sifflement des freins emporta les autres. Le timbre indifférent du klaxon annonciateur du départ me délivra de Lussac. « Salut mon ami », dit-il en montant dans le wagon, demain on parlera.

NUIT DE CHINE

C'est le climat que j'avais fui. Pas le mauvais temps, on s'arrange toujours pour se mettre à l'abri. Mais l'atmosphère, elle, vous enveloppe, vous colle à la peau, pénètre vos poumons, brûle votre estomac. J'avais sans doute renoncé à une carrière plus reluisante, mais j'avais gagné le soleil que je n'avais pas sollicité, attisant la jalousie de mes collègues. Cette opportunité me permettait de conserver mon emploi et de m'éloigner d'un foyer devenu bien froid. On n'est jamais innocent de ce genre de chose. « Les torts sont réciproques » avait dit l'avocat. J'étais d'accord. J'ai payé, et je suis parti.

Les malfrats se réfugient toujours dans le midi ! Je m'amusais de cette réflexion en attendant Esteban à l'accueil. Il me fit patienter d'un signe de la main : des consignes à donner avant de me rejoindre. Je n'étais pas pressé. L'air était mou, le ciel pâle, l'après-midi moribond. Nous irions boire un verre comme convenu.

Esteban fumait sans arrêt, buvait d'un trait, invoquant la chaleur excessive. Il se désaltérait au pastis, avec beaucoup d'eau. Je l'imitais. Sa femme était en vacances avec les mômes. Il était libre. Il fit signe au serveur : « la même chose ».

— De temps en temps ça fait du bien, on bosse assez comme ça !

Il compensait en se donnant bonne conscience. Il se racontait. Ses responsabilités familiales, l'obligation d'avoir des résultats dans l'entreprise, la nécessité d'une remise en question permanente pour se maintenir au meilleur niveau. Je ne fis pas écho au chapelet habituel de ces lamentations, fatigué de brasser des lieux communs d'un air compatissant. Esteban était un client, puisque son entreprise avait souscrit un contrat cadre avec notre compagnie. Il pouvait m'aider dans quelques démarches professionnelles. C'est ce qu'il prétendait et je voulais bien le croire.

Esteban s'est imposé, avec sa gouaille méridionale et sa manière de saluer tout le monde comme un élu local en campagne électorale. On dit que les contraires s'attirent.

— Puisque nous sommes tous les deux célibataires, on pourrait se faire un extra cette nuit ?

Il observait ma réaction du coin de l'œil, prêt à railler ma réserve habituelle. Je n'étais pas contre une nuit torride. La première depuis longtemps.

— Pourquoi pas ? Rassuré, il sourit.

La place s'animait. La nuit s'installait doucement. Des forains préparaient des étals sur des tréteaux ou à même le sol. Des guirlandes lumineuses donnaient un air de fête.

— C'est « la nuit de la brocante ». Les gens viennent pour chiner, se balader. Viens, on va jeter un œil.

Il y avait de tout. Le contenu disparate de greniers vidés à la hâte. Des tentatives de collections avortées de bouquins ou de cartes postales. Des jouets récupérés pour un ultime recyclage. Un camion de pompiers avait encore fière allure, avec son échelle impeccable sur le toit. Une poupée en celluloïd cabossé arborait une robe flétrie toute en dentelle. Enfants sages ou turbulents, adultes maintenant, ils recherchaient ici les vestiges de leur passé. Ce bric-à-brac, offert sans prétention, se mélangeait avec des objets délicatement posés sur des étoffes de velours noir, pour un public de connaisseurs.

Le pastis faisait son effet. Moi qui n'avais jamais éprouvé le moindre intérêt pour les vieilleries, je me surprenais à manipuler des ustensiles de cuisine centenaires. Esteban discutait le prix d'une carafe à décanter le vin. Il parlait fort, en faisait trop. Je me retournai. La vendeuse, décontenancée, gardait le sourire. Son compagnon, trapu, cou de taureau encombré d'une chaîne en or, n'appréciait pas le comportement de cet amateur excité. Il s'éloignait, puis se rapprochait, hésitant sur l'attitude à adopter. En professionnel averti, il comprit que le quidam n'était pas près de décrocher. Il se campa devant Esteban, et lui asséna fermement, sans hausser le ton :

— T'achètes où tu te casses, ok. Le message était clair, sauf pour Esteban qui continuait d'exhaler ses vapeurs d'anis trop près de la brocanteuse. Je m'approchai. - Ca va, viens, on sera mieux à la terrasse à boire un verre. Avant de la reposer, il fit tournoyer la carafe sous les yeux du minotaure. L'autre ne répondit pas à la provocation.

On continua au pastis, pour oublier l'incident. Je dépassais ma limite, Esteban n'en avait pas. Une jeune femme trop brune examinait des objets, les reposait, flânait dans la brocante. Nous la suivions du regard. Elle s'éloigna sans se presser.

— Si on bougeait un peu ? J'acquiesçai mollement, n'ayant rien de mieux à proposer.

Son chemisier rouge nous guidait dans la foule. Une brise légère rafraîchissait les rues piétonnes. Je ressentis des fourmillements au bout des doigts. Ma mâchoire se crispa et ma respiration devint plus courte. Je devais me calmer, me détendre, respirer à fond, lentement. Je n'avais même pas adressé un regard hostile au minotaure ! L'alcool n'avait plus le pouvoir de me faire voir rouge dans le noir. Quelques symptômes pouvaient subsister, comme une douleur rappelle une vieille blessure. Mais c'était du passé. L'agressivité m'avait quittée en même temps que ma femme. Avant, ailleurs, je me protégeais de son indifférence provocante dans quelques verres de whisky. Elle se rapprochait alors pour déplorer cette habitude.

— Tu bois trop ! Et trop souvent !

J'étais à bout d'arguments. Lui dire à nouveau ma souffrance de la voir si distante ? Nous n'en étions plus là. Je ne l'avais frappée qu'une seule fois. Je sortais boire seul dans les bars de la ville. D'autres paumés reconnaissaient un des leurs, voulaient savoir. Je ne le supportais pas. Je cognais quelquefois. Fort. Les fourmis dans les mains disparaissant, ma mâchoire se détendait. J'éprouvais ensuite une sensation étrange. J'étais libre et perdu.

— Ca fait du bien de marcher, je connais un resto où on mange du bon poisson grillé, ça te plaira.

On pourrait peut-être l'inviter, dit-il en souriant. On suivait la sirène coquelicot, au rythme du claquement de ses talons hauts sur les pavés de la ruelle. Elle s'arrêta devant une lourde porte de couleur sombre, et ouvrit son sac à main. Cela signifiait pour nous la fin d'un jeu. Elle rentrerait chez elle, nous poursuivrions notre chemin. Elle porta une main à son front, tout en contemplant le sol. Notre marche nonchalante s'interrompit.

J'aperçus un éclat métallique. Le bras tendu à l'extrême, je sentis la résistance d'un objet dur. L'étroitesse de l'ouverture m'obligeait à tâtonner. Je réussis finalement à pincer le trousseau entre l'index et le majeur, et me dégageai lentement de l'ouverture de la bouche d'égout. Le moindre faux mouvement pourrait précipiter les précieuses clés à nouveau. Le bras souillé jusqu'au coude, ma chemisette blanche barrée de deux raies brunes, je tendis le précieux objet à Carmela. Pendant que je faisais l'égoutier, Esteban jouait le joli cœur. Chauffé par l'alcool, émoustillé par cet évènement impromptu, il déballait sa verve pâteuse. Par lassitude, elle lui avait donné son prénom. Il s'en était emparé comme d'un trophée.

Nous suivîmes Carmela dans un couloir obscur au pavage irrégulier. L'escalier de bois gris gémissait sous nos pas. Elle ouvrit et nous précéda pour me conduire à la salle de bain. - Prenez votre temps, je vais nous servir à boire.

Esteban tentait un compliment laborieux sur l'aménagement de l'appartement. Lorsque j'arrivais dans le salon, elle m'accueillit avec un sourire. Elle tentait de détourner l'empressement d'Esteban. Nous buvions de la bière fraîche.

— Je regrette pour votre chemisette, sans vous, je serais à la rue, dit-elle en levant le verre à mon intention. Je levais aussi mon verre et lui sourit. Son teint hâlé atténuait les rides révélées par le sourire qu'elle me rendit. Elle était assise sur l'accoudoir d'un vieux fauteuil club au cuir craquelé. Son visage changea brusquement d'expression. Nous n'avions rien entendu. Elle se leva et se dirigea vers la porte qu'elle entrouvrit. Elle parlait sèchement à mi-voix. Son interlocuteur se fit insistant. Elle précisa qu'elle le verrait au club tout à l'heure, essayant de refermer la porte. L'autre poussa plus fort. La porte vint cogner la cloison et Carmela fit un pas en arrière. Un grand brun, moustaches à la gauloise et joues creuses scrutait l'appartement. Esteban s'approcha le premier.

— C'est pas ce que tu crois Ramirez !

Elle tenta d'expliquer l'épisode des clés tombées dans la bouche d'égout devant chez elle. Ramirez lui envoya un revers de la main. Déséquilibrée, elle dut laisser le champ libre aux deux hommes. Je m'avançai. Esteban insultait Ramirez et menaçait de lui casser la gueule s'il ne sortait pas immédiatement. Il recula sur le palier, fit mine de partir puis se retourna brusquement. Elle lui ordonna de partir, elle le verrait plus tard, à la boîte, elle lui expliquerait. La loi du nombre le fit renoncer.

— C'est rien, c'est mon problème, je vous offre un dernier verre, le temps que Ramirez s'éloigne, après, vous partirez.

Je m'apprêtais à tirer la porte de l'immeuble pour sortir.

— Attention !

Ramirez se précipitait sur Esteban, un barreau de la rampe à la main pour l'aider à avoir le dernier mot. Il n'avait pas totalement bénéficié de l'effet de surprise, si bien qu'Esteban esquiva en partie le coup. Ramirez, emporté par son élan, perdit l'équilibre. J'en profitais pour lui arracher son arme improvisée, pendant qu'Esteban prenait le dessus. Je reculais pour menacer Ramirez maintenu à terre. Il comprit que sa tentative tournait à son désavantage. Il dégagea une main et la glissa dans sa poche. J'entendis un claquement sec. Je plongeai et me saisis du poignet de Ramirez. Je serrai les dents. Je maîtrisai ce bras qui ne voulait pas céder. Je fatiguais et ne pourrais plus tenir longtemps. Esteban était à bout, Ramirez était rompu à ce type d'exercice.

— Sors-lui ce couteau, grouilles toi. Dans une manœuvre désespérée, je mis tout mon poids sur l'avant bras de Ramirez. La résistance cessa.

La lame avait glissé sur l'abdomen. Ramirez avait lâché le couteau à cran d'arrêt. Esteban avait concentré ses dernières forces pour l'expédier sous l'escalier d'un coup de pied. La vue de son propre sang avait excité Ramirez. Il se redressait, poings en avant, prêt à foncer comme un taureau blessé. Je m'avançai et réussis à lui placer un crochet au menton. Il tomba assis contre le mur. Je profitai de mon avantage pour lui envoyer une volée de coups de poing au visage. Il saignait du nez plus que de sa plaie au ventre. Je cognais comme un boxeur s'acharne sur son adversaire inerte, en attendant l'intervention de l'arbitre.

— Arrête, ça suffit !

Esteban hurlait, je n'entendais pas. Il me tira brusquement par l'épaule, et me plaqua au mur. Il me fixa un instant.

— Ca suffit, on fout le camp !

La nuit était figée dans le noir. Je me sentais léger, débarrassé d'une inexplicable pesanteur. C'était à cause de l'obscurité. Tout prend un autre relief. La lumière sur les visages, l'intensité des regards, les bruits de nulle part. Nous avons marché sans rien dire jusqu'à la place de la brocante. Des chineurs fatigués examinaient des objets d'un autre temps. J'aperçus le minotaure avachi dans un fauteuil de camping, une cannette de bière à la main. Sa copine faisait l'article, sans conviction, sur un fer à repasser d'avant l'électricité. Les articulations de mes mains étaient douloureuses. J'avais perdu l'habitude de cette sensation qui durerait quelques jours. Esteban s'étira, massa son épaule meurtrie.

— Tout ça m'a coupé l'appétit, mais j'ai soif !

J'acquiesçai d'un signe de tête.

LE NÉON

Tout avait commencé la veille devant le miroir. Le néon de la salle de bain clignotait en émettant un grésillement provocateur. Il bégaya encore un moment, puis rendit l'âme brutalement. Un juron accueillit le noir absolu. Le visage recouvert de mousse blanche, Adrien tâtonnait la cloison. Ses doigts savonneux glissèrent enfin sur la porte avant de saisir la poignée libératrice. Il put éclairer le couloir et se rendre à la cuisine qui se substitua à la salle de bain. Il s'installa sommairement devant l'évier, et poursuivit sa besogne en s'aidant d'un minuscule miroir, cadeau publicitaire ancien négligemment fourré dans un tiroir. Cette situation insolite lui rappelait un bout d'enfance à la campagne.

Il revoyait le grand-père, dans la vaste pièce commune du rez- de-chaussée, se rasant au couteau de barbier, à la lumière du jour dispensée par une fenêtre haute et étroite, devenue bien fragile avec les ans et qu'il fallait manœuvrer avec précaution. Quelques plaques grises subsistaient sur la menuiserie, attestant que de la peinture avait jadis recouvert le bois scarifié et noirci. Une petite glace ronde, suspendue par un bout de ficelle à la crémone, lui renvoyait l'image grimaçante du vieil homme, manipulant la lame au manche de corne avec des gestes lents et aériens. Il cueillait la neige abondante qui s'accumulait sur l'acier tranchant, et la déposait délicatement sur le rebord d'un plat en fer blanc cabossé par le temps et le manque de soin. Habituellement maladroit dans ses attitudes, il excellait dans cet étrange rituel. Un peu plus tard, le visage lisse et frais, il reprendrait son air sévère, et la main experte du rasage pouvait se faire menaçante au sujet de quelque vétille de l'enfant. Des billes pouvaient rouler sur les carreaux de terre cuite, une petite voiture de pompier défier le vase en porcelaine sur le confiturier. Sa mère accourait, muette, lui faisait les gros yeux, appuyant silencieusement la réprimande de son père. Adrien grimpait alors l'escalier jusqu'au vaste palier où il se réfugiait au milieu d'objets entassés là, comme si la force avait manqué pour les transporter jusqu'au grenier. Calé dans un petit fauteuil d'osier grinçant et délabré, il se réinventait une famille, lui attribuait des amis, imaginait un futur à ce présent ennuyeux. Sa frustration apaisée, il reprenait son rôle au rez-de-chaussée, dans le silence de trois générations réunies sans être unies.

Adrien venait de fêter ses quarante cinq ans, et pas plus que les autres années il n'avait célébré l'événement. C'était Julie, l'assistante du DRH, qui lui avait aimablement souhaité un « bon anniversaire ». Sa fonction lui donnait accès aux dossiers de tout le personnel, le hasard aura porté son regard sur la date de naissance d'Adrien. Surpris, il bredouilla un « merci » un peu gêné. Plus tard, devant son écran figé sur un tableau de chiffres, il se reprocha son manque de répartie. Mais s'il pouvait d'un clic modifier le tableau, il lui était impossible d'améliorer la scène qui aurait peut être changé le cours de sa vie. Il la rencontrait presque exclusivement à la machine à café. Une grande fille maigre aux vêtements colorés, qui découvrait une dentition généreuse à chacun de ses innombrables sourires. Agréable sans être belle, rayonnante sans être provocante, il avait tenté de se rapprocher d'elle, guettant les moments favorables un gobelet à la main. Quelquefois il crut pouvoir enfin lui parler, mais l'émotion du moment l'en avait empêché. Il y eut d'autres circonstances plus propices : la consultation commune de chiffres sur son ordinateur dans l'intimité de leurs souffles mêlés. Il fit durer ces instants, mais les gros yeux de sa mère annihilaient sa volonté.

Adrien se rendait au bureau en voiture. Il se permettait ce luxe, à l'instar de ses supérieurs qu'il côtoyait sur le parking. Il feignait alors quelque préoccupation, fronçait les sourcils, répondait évasivement à leur salut. Jusqu'au pied de l'ascenseur, il pouvait faire illusion, leur ressembler. En s'élevant dans les étages, il redevenait un modeste employé. Il avait convoité quelque promotion au sein de l'entreprise : responsable du service des approvisionnements internes lui aurait convenu. C'est ce qu'il avait cru avant que le poste ne soit attribué à un jeune diplômé arrogant, dynamique et mal rasé. Adrien noya sa déception au Dubliner's. A l'abri dans cet îlot où l'on parlait surtout anglais sur fond de musique celtique, il tentait parfois de s'identifier à Joyce, qu'il avait lu dans sa jeunesse. Isolé dans un coin en compagnie de sa pinte de Guinness, il y avait peu de chance que l'on vienne s'intéresser à lui. Il prenait un air absorbé, se surprenait à parler seul. Las de se raconter des histoires qui jamais n'arrivaient, il se laissait étourdir par cette atmosphère bruyante, où la bière atténuait ses rancœurs, comme son vieux fauteuil d'autrefois sur le palier. La fraîcheur le saisit sur le trottoir. En ajustant le col de sa veste, il crut apercevoir Julie au loin. Il fit quelques pas dans sa direction, mais l'alcool lestait ses jambes et paralysait sa voix. La silhouette fut éclipsée par un autobus. Il trouva l'énergie pour courir et atteindre le carrefour d'où il pourrait peut-être, à nouveau, entrevoir la jeune femme dans les rues adjacentes. Il écarquilla les yeux, tourna sur lui-même tel un chasseur à découvert, mais la vision furtive avait disparu. Il rentra chez lui, s'allongea, se laissa gagner par le sommeil.

C'était un matin comme les autres. Le rituel bien rôdé s'accomplissait. Dans la salle de bain équipée d'un néon neuf, Adrien interrompit le mouvement. La mousse resta sur le bout de ses doigts sans qu'il parvienne à se décider. Jamais il n'avait retenu ce geste quotidien et inévitable. Il fixait les yeux du miroir, et fut surpris que celui-ci en fasse autant. Il explora alentour : un front dégarni, des rides naissantes, des joues un peu molles, un ventre proéminent.

Tous ces attributs s'étaient installés à son insu, révélés par quelques watts supplémentaires attrapés avec négligence dans son supermarché habituel. Il baissa la tête sur le lavabo, se regarda à nouveau dans les yeux, acheva machinalement de se préparer.

L'autoradio débitait l'état du monde. Adrien sortit de ses songes, juste devant les abattoirs. Trop tard. Il prendrait la petite rue à gauche qu'il empruntait parfois, lorsque la circulation était trop dense. Il clignota tout en se déportant pour tourner, mais sans doute mal préparé à cette manœuvre, il alla tout droit, accélérant brusquement pour dégager la circulation. Les feux tricolores défilaient sur les boulevards. Le sentiment de braver l'interdit l'animait. Il esquissa un sourire, promenant son regard sur les trottoirs, peut être à la recherche d'une complicité. Automobiliste indolent, il se laissa guider par le flot de voitures. Sur le périphérique, il hésita à prendre l'ultime bretelle pour sortir, mais le poste de péage s'approchait, prêt à avaler les véhicules. Il tendit le bras et saisit le ticket qu'une machine indifférente lui délivrait. Le point de non retour lui semblât franchi, et une excitation supplémentaire s'empara de lui, en même temps qu'une angoisse le saisit. Il se cantonna un moment sur la file de gauche, très au-delà de la vitesse autorisée. Il revint ensuite plus sagement sur la file de droite, pour mieux profiter de cette liberté nouvelle qu'il s'octroyait aujourd'hui sans jamais avoir osé l'imaginer. Avaler les kilomètres, les faire durer à loisir et déguster ce temps inutile lui faisait découvrir un sentiment de bien être. Il crut un instant qu'il était heureux. Plus tard, dégrisé par la monotonie de l'autoroute, il décida d'une destination qu'il n'avait pas préméditée, mais qui s'imposait à lui à défaut d'aucune autre. Il gagna alors la nationale, retrouva des paysages oubliés et une détermination qui lui manquait d'ordinaire.

L'établissement ressemblait à une carte postale délaissée sur un présentoir bancal, comme on en voit l'été, dans les villages qui ont cessé de croire à la manne touristique. Quelques traces de couleur ocre jaune sur la façade attestaient que la mémoire d'Adrien ne le trahissait pas tout à fait. On pouvait encore deviner les contours bruns des lettres stylisées, au dessus de la porte d'entrée : « Hôtel du Commerce ». Au delà de la grille maintenant recouverte de rouille grenue, il n'avait jamais osé aborder les enfants qui jouaient l'été sous la tonnelle. Un garçon et une fille de son âge. Il les revoyait dans leurs vêtements du dimanche, souriants et inaccessibles, s'amusant à se cacher derrière les platanes de la promenade, orgueil de la mairie qui avait beaucoup investi pour aménager cet endroit face à l'unique hôtel du village. Lorsqu'il apercevait sa mère au travers des barreaux, et qu'elle le devinait enfin, elle lui faisait un petit signe amical de la main, qui signifiait aussi « éloigne-toi, ne me distrait pas dans mon travail, j'en ai trop besoin ». Mon grand père avait presque supplié monsieur le maire pour qu'elle obtienne cet emploi : blanchisseuse avait dit l'hôtelier. Mais aussi femme de ménage, aide cuisinière à l'occasion, et finalement femme à tout faire, comme on dit homme à tout faire pour marquer l'absence de qualification. Un emploi modeste et épuisant que l'on confiait alors à celles qui devaient racheter leur faute par d'incessantes corvées. Fille mère certes, mais tellement vaillante qu'on l'oublierait presque. Après des années d'un exil librement consenti sous la pression de ses parents, son père accepta de l'héberger à la mort de son épouse. Le temps abime les corps et lisse les ressentiments. Le vieil homme n'avait qu'une fille, et plus de femme pour partager son isolement. « Tu peux t'installer chez nous », dit-il simplement.

Le soleil mordait les toits fatigués du poids des tuiles noircies par l'accumulation de mousses et de lichens. Les faîtages fléchis comme une corde à linge entre deux poteaux, lui rappelaient la maison de son grand père, à l'écart du village. Il quittât le banc public déglingué et demanda à un employé municipal affairé à balayer quelques feuilles sur la promenade, où il pourrait bien se loger quelques jours. L'homme s'aidât de son balai pour porter plus loin le regard, et lui indiqua avec insistance une maison par delà les coteaux, où il trouverait une chambre d'hôte.

Un couple de sympathiques hollandais avait transformé une vieille ferme pour accueillir des touristes. Ils parlaient peu le français, et Adrien mal l'anglais, limitant ainsi les échanges à l'essentiel. Ce coin perdu tentait de survivre avec les économies de vacanciers en mal de soleil et d'authenticité. Les héritiers de la ferme avaient fui cet endroit où rien n'arrivait jamais, quand d'autres s'y installaient pour les mêmes raisons. Adrien avait simplement précisé qu'il souhaitait se reposer quelques jours. Il sortait peu, craignant sans doute de rencontrer quelque fantôme. Il marchait sur le chemin qui bordait la vieille bâtisse, en bordure d'un bois semblable à celui où sa mère, parfois le dimanche, aimait à chercher des champignons en sa compagnie. Elle laissait éclater une joie infantile lorsqu'elle découvrait un cèpe, fut-il déjà bien abîmé. Ephémère saison des champignons... Il passait des heures entières allongé sur son lit, à voir défiler toujours les mêmes images.

Il avait ressenti un grand vide pendant l'enterrement, puis tout s'était brouillé. Lorsqu'il était revenu à lui, c'était déjà après. Les femmes bavardaient en lui caressant le front, les hommes avaient défait leur col. Des biscuits et du vin blanc étaient disposés sur la table. Adrien revit son grand père, les bras au ciel, les yeux révulsés, courant vers la maison voisine en criant pour demander de l'aide, pour qu'on la sauve, pour que l'on coupe la corde accrochée à cette fenêtre pourtant si fragile, mais qui n'avait pas cédé sous le poids de sa fille désespérée. Les familles d'accueil auxquelles il fut confié ensuite, n'avaient d'accueil que le nom. Mais peut-être était il peu sociable, renfermé comme on le disait autour de lui. Il ne fit jamais d'effort pour ne point l'être. Renfermé lui convenait.

Il tendit la main vers la table de nuit pour saisir son téléphone portable, qu'il ralluma pour consulter les messages. La voix laconique de la secrétaire du service lui demandait de se manifester. Le deuxième message était plus ferme, son chef trouvait inadmissible cette absence de trois jours sans explications. Il appuya sur la touche 3 de son clavier pour faire disparaître les importuns, sans émotion aucune. Le dernier message le fit se redresser. La voix de Julie lui demandait si on l'avait enlevé devant le Dubliner's ? Elle ajoutait qu'il devrait donner signe de vie avant que l'irritation ne gagne le directeur des approvisionnements généraux.

Ainsi, la silhouette n'était pas une illusion. Il hésita un instant, et se décida à rappeler Julie. Un problème personnel imprévu, bredouilla t-il l'air mystérieux. Mais je rentre demain, je serai là pour le premier café du matin.

— Nous nous verrons ?

— Oui, bien sûr, à demain dit-elle

simplement. Il n'osa insister.

Adrien reprit la route en passant par le « passage d'en bas », contournant ainsi le village. Il aperçut les grands cyprès du cimetière, laissa sur sa droite le chemin qui menait à la maison de son grand père. Plus tard peut-être, il retournerait chez les hollandais, pour aller plus loin. Ce jour là, il fut sensible aux couleurs d'automne. Il ne détestait plus les nuances de brun et de roux qui dominaient les coteaux. Il rejoignit son domicile sans hâte, presque serein. Demain, il verrait Julie à la pause café. Il avait laissé pousser sa barbe, elle n'y serait peut-être pas insensible.

DUNE EN MAURITANIE

Confier notre sort au détour d'une navigation sur internet nous excitait. Nous avions étrillé tous les sites pour finalement convenir que ce petit village au pied des Pyrénées pourrait bien nous accueillir. Une annonce maladroite agrémentée de photos floues eut raison de nos hésitations.

On imagine toujours ces coins de campagne forcément propices à alimenter des albums photos désormais compressés sur des clés USB. C'est compter sans les miasmes d'une ruralité proclamée en voie de disparition, mais capable de nous renvoyer des images, des sons et des odeurs ignorés des sites Web. Après un long voyage parsemé de ralentissements routiers pour cause de chassé croisé aoûtien, une étable en béton et tôle ondulée agrémentée d'une pyramide de fumier nous accueille à l'entrée du hameau. Nous passons devant quelques maisons de pierre sèches à l'authenticité incertaine, puis au fond d'un raidillon d'avant les véhicules à freins à disques ventilés, nous devinons le gîte qui nous hébergera.

Nous faisons le tour du propriétaire : les pierres ancestrales des murs ont été jointoyées avec un mortier récent, une terrasse d'aujourd'hui veut se donner des airs d'hier, en arborant des dalles d'ardoise disjointes rectifiées à l'aide d'un liant effrité. Autour de la bâtisse, les murets bâtis en pierre ont subi le fil à plomb d'un maçon zélé. Le dépaysement tarifé ne saurait être plus exigeant. Une silhouette à l'allure solide descend d'une venelle sombre et abrupte. Mathias l'interpelle.

— Mme Leroux ?

Elle fera deux pas avant de saluer aussi, forte de sa supériorité d'autochtone. Mme Leroux porte fièrement la moustache et n'éprouve aucun complexe à exhiber ses mollets velus. Un tablier qui fut sans doute bleu, enserre son corps massif, mais ses cheveux bien coupés et teints sont un défi au visiteur qui conclurait un peu vite que Mme Leroux est une paysanne négligée. Ses doigts gourds et calleux s'obligent à rencontrer nos mains de citadins, dans un haussement d'épaule qui donne peu d'amplitude à son geste. Notre propriétaire n'a pas de temps à perdre, d'un mouvement de tête, elle nous indique qu'elle doit retourner dans la montagne auprès du bétail.

Dans le vaste séjour, des photos sous verre au format du calendrier des postes sont accrochées aux murs.

— Ça ressemble à la Mauritanie, dit Yannick. Il y avait fait un séjour de vacances. Notre guide hésite.

— Oui, j'avais un fils là bas.

Cet imparfait énigmatique nous impose le silence. Nous étions trois étudiants prétendument venus nous ressourcer au pied des Pyrénées, et voilà que l'Afrique s'imposait à nous ! Yannick commentait la photo. Il éprouvait quelque fierté d'avoir instantanément deviné le pays dans lequel il avait passé une dizaine de jours. La visite est rapide. Mme Leroux balaie le terme « état des lieux » d'un revers de la main, et nous rappelle notre accord téléphonique d'un règlement en liquide. Elle nous rendra le chèque de caution à la fin du séjour. Mais elle pourra aussi le garder deux mois, d'après les termes du contrat. Elle prend congé, sourde à l'évocation d'une éventuelle facture. Nous nous installons dans notre résidence estivale.

Découvrir une maison, fut-elle conçue pour des séjours de vacances, c'est toujours pénétrer l'intimité de ses propriétaires. La pierre brute des encadrements de fenêtre côtoie le marbre lisse d'une cheminée venue d'ailleurs. Les canapés recouverts d'un tissu orange élimé sont une offense à l'enfilade de chêne massif, ennoblie par les stigmates de coups supportés avec bravoure durant plusieurs générations. Ce mélange d'efforts vains et de naïveté émouvante nous amuse. De la Mauritanie j'ignorais tout ou presque. La dune ocre était posée comme un tas de sable mouillé sur un sol plan et clair. Trois arbustes échevelés rappelaient que le désert ne l'est jamais tout à fait. La photo prise sous un ciel laiteux était-elle l'œuvre du fils, ou bien un achat d'expatrié en mal de souvenirs ? Elle cohabitait avec une autre tout aussi mal encadrée, qui représentait une scène de labour d'autrefois : deux chevaux tiraient une charrue à un seul soc. Un homme grand et maigre aux traits tirés menait l'attelage, tandis qu'un plus jeune souriait en creusant le sillon, malgré l'effort imposé par le labeur. Le père et le fils peut-être ? Une scène d'avant la décision du départ en Afrique ? Deux continents se côtoyaient sur le même mur blanc. L'un plein de vie rude mais souriante, l'autre d'une pure beauté aride. L'itinéraire d'un homme, ponctué d'un silence intriguant.

La conversation du dîner fut dédiée à Mme Leroux. Forte personnalité paysanne, maîtresse femme au vocabulaire simple, elle avait le verbe haut, le geste rare mais explicite. Cette rugosité apparente était tempérée par le souvenir de celui que nous appelions déjà « le Mauritanien ». Parti à l'autre bout du monde, il ne laissait à notre imagination qu'une photo gondolée exempte de trace de vie humaine, disposée de travers dans un cadre accroché en hâte. Cette évocation maladroitement exposée démentait la volonté d'ignorer ce fils mystérieux. Le cinéma fut appelé au secours des fictions que nous élaborions. Plusieurs pièces condamnées à l'accès des locataires nous firent fantasmer sur un remake de « l'auberge rouge ». Ce fait divers d'après la révolution française fit couler beaucoup d'encre, et encore aujourd'hui. Les visiteurs fortunés y étaient torturés avant d'être trucidés par les aubergistes, qui pouvaient alors disposer de leurs biens. Un forfait de cet ordre commis en famille par d'infâmes paysans, conduits par une mère avide d'argent sur un fils traître d'avoir quitté la ferme pour l'Afrique ne manquait pas de sel. Peut-être était-il dans l'une des pièces inaccessibles, bâillonné, pieds et poings liés, en résistance contre une rustre famille qui n'aurait pas encore fait parler le fils maudit ? Ou bien reposait-il sous l'épaisse dalle de béton de la terrasse récemment restaurée, à la suite de propos trop vifs suivis d'une altercation dont la cause était sa volonté de faire valoir son droit au patrimoine familial ? A moins que fortune faite, le retour au bercail n'ait suscité quelque jalousie familiale ?

Le repas s'éternisait et nos verres étaient vides. Nous avions abusé du vin rosé et de la charcuterie achetée sur la route, dans un marché marqué au coin du régionalisme. La fatigue de ce premier jour de vacances trouvait sa limite après des propos délirants que l'on se permet loin du quotidien.

La fraîcheur nocturne nous incita à

utiliser la cheminée. Celui que nous avions identifié comme l'autre fils de Madame Leroux, traversait régulièrement le hameau au volant d'un Toyota qui n'aurait pas déparé sur la photo africaine. Il s'occupait du bétail abrité dans l'étable qui marquait le début du hameau. Il nous amena quelques bûches. On ne lui devait rien, précisa-t-il, mais on pouvait donner ce que l'on voulait...

Moins bavard que sa mère, mais tout aussi massif, il semblait sur la défensive. Une question nous brûlait les lèvres : Le mauritanien ?

— Vous avez un frère ? Yannick avait le don des questions directes. Il les accompagnait généralement d'un sourire sans malice auquel notre interlocuteur ne fut pas sensible.

Sa surprise me dicta d'expliquer notre curiosité.

— C'est votre mère qui nous disait avoir un fils en Mauritanie... Nous avons vu la photo de la dune sur le mur, et Yannick connaît bien la Mauritanie.

— Ah bon, dit-il sans parvenir à poursuivre davantage.

Le silence de quelques secondes pesait une tonne, il était urgent de faire diversion. Mathias proposa un deuxième pastis. Il empoigna la bouteille et servi d'autorité notre livreur de bois. Il accepta sans enthousiasme. Une écharde avait pénétré la cuirasse du montagnard, soudainement maussade. La suite fut laborieuse, a peine ponctuée de lieux communs sur les joies saines de vivre en altitude. Le fils de Mme Leroux vida finalement son verre d'un trait.

— Il faut que je file, s'excusa t-il en jetant un coup d'œil à sa montre.

Nous lui souhaitâmes un bon appétit. Son dos nous renvoya l'écho d'un merci.

On devinait des voitures miniatures posées dans l'herbe drue, avant que les couleurs et les formes ne se précisent. Yannick s'arrêta.

— Tu n'as pas l'impression que notre voiture penche ? Le sol paraissait plan pourtant.

— Après cinq heures de randonnée, tout parait un peu de travers... Répliquais-je distraitement. Mathias s'était attardé pour prendre des photos. Lorsqu'il nous rejoignit, nous terminions le changement de la roue arrière droite de notre voiture. Yannick nous fit constater une marque qu'il venait de déceler sur le flanc extérieur du pneu. Sans doute un coup de canif. Cela renforça notre colère, puis nous plongea dans le silence. Aucun des six autres véhicules stationnés n'avait été dégradé.

— N'oublie pas de tourner à droite, dit Mathias. Yannick mis le clignotant en silence, et fit vrombir le moteur au delà du nécessaire pour attaquer la montée vers le gîte. Nous reconnaissions le vieux Toyota, attelé de la remorque avec laquelle le fils de Mme Leroux nous avait livré le bois. Nous étions maintenant juste derrière. Il roulait très lentement. Peut-être à cause du chargement fragile recouvert d'une bâche. Cela nous étonna de la part d'un montagnard toujours pressé, habitué à ces petites routes escarpées. L'énervement aidant, nous nous impatientions, et Yannick, excédé, talonnait l'attelage.

— Ne klaxonne pas, dit Mathias, garde tes distances, je suis curieux de voir ce qu'il transporte.

Le clignotant du Toyota indiquait que

son propriétaire souhaitait nous laisser passer. Il se rangea avec délicatesse, et nous fit un signe avec le bras par la vitre ouverte.

— J'aurais voulu savoir ce qu'il y avait sous cette bâche, reprit Mathias.

— Tu penses à l'auberge rouge... répliqua Yannick, sourire crispé.

— Nous arrivions enfin, prenant soin de garer la voiture comme nous l'avait demandé notre propriétaire, sur la dalle de béton, entre les machines agricoles inutilisées en cette saison.

L'épisode du retour de randonnée nous avait perturbés. Le fils de Mme Leroux trinqua toute la soirée, et son frère, le mauritanien, fut même appelé à la rescousse. Ne l'avait-il pas déplacé avec son 4x4 pour mieux le cacher ailleurs, après que nous ayons manifesté de la curiosité ? Cette crevaison, d'un coup de couteau vigoureux, n'était-t-elle pas un avertissement de sa part ? Nos divagations nous aidèrent a digérer l'événement, mais le sommeil ne survint que tard dans la nuit.

J'eus immédiatement un mouvement de recul. Une odeur de fumier me saisit alors que j'ouvrais les volets en bois de la porte fenêtre de la terrasse.

— Qu'est-ce que c'est cette odeur ? ferme cette fenêtre ! Dépêche-toi !

Je m'exécutai volontiers. De l'intérieur, nous ne voyions rien de suspect. Nous déjeunâmes à huis clos, malgré un soleil qui dispersait les brumes matinales.

— Vers les six heures, il m'a semblé entendre un bruit de moteur qui ronronnait, dit Mathias. Vous n'avez rien entendu ?

Il ne récolta que des signes de tête négatifs. Nous nous hâtions vers nos véhicules pour fuir au plus vite cette odeur insupportable. Nous espérions qu'a notre retour de randonnée, elle aurait disparu, les travaux de fumage terminés et le vent pour complice. Nous restâmes figés. La dalle en béton gris était maculée d'impacts de fumier ! Nous l'emportions sous nos pieds sans nous en apercevoir, et notre véhicule avait largement bénéficié des projections dispensées par la machine, jusque là inerte. Pour d'obscures raisons, avant le lever du jour, la machine à nous emmerder avait réveillé Mathias. Nous avons tambouriné chez Mme

Leroux, cherché âme qui vive pour tenter d'avoir une explication. Le hameau était mort. Seul un maigre chat effrayé nous glissa entre les jambes pour filer se réfugier derrière une souche d'arbre. Notre colère rivalisait avec notre exaspération. Nous n'avions d'autre choix que de trouver une station de lavage dans le village le plus proche, avant que les impacts fossilisés ne requièrent un traitement plus radical ! Nous roulions très lentement pour cause de visibilité réduite, et les tentatives d'essuie-glaces n'avaient fait qu'augmenter notre désarroi en maquillant notre pare-brise d'une pellicule brune et d'autant plus persistante que nous avons rapidement épuisé la réserve d'eau. La calandre du Toyota s'affichait en entier dans mon rétroviseur. Quelques dizaines de centimètres à peine séparaient le pare-choc monstrueux du Toyota de notre voiture. Il nous collait, presque à nous toucher, et semblait vouloir nous imposer de presser l'allure. Je freinai pour lui montrer notre désaccord, pour qu'il calque sa vitesse sur la nôtre. Un sifflement de freins bref fut accompagné d'un appel de phare prolongé. Il ne démordait pas, fort de son monstre conçu pour les safaris. Il entendait nous bouter hors de son territoire, après nous avoir sans doute arrosés du produit de son cheptel. Nous n'avions d'autre choix que de subir. Arrivés au bas du hameau, au stop qui débouche sur la départementale, il nous doubla en faisant vrombir son V8, et sans un regard, fila dans une traînée de fumée brune.

Nous avons fait nos bagages, et très tôt le matin, nous sommes partis dans la nuit noire. Au bout du village, l'étable de tôle ondulée à côté du tas de fumier abritait une vingtaine de têtes de bétail. Elles ont précédé notre véhicule, guidées par nos phares et nos encouragements, jusque sur la départementale. Là, nous les avons accompagnées sur le chemin de la liberté, quelque part dans les grandes prairies. Nous les avons observées, broutant paisiblement en terrain plat.

Un ronronnement encore lointain se précisait, signal de notre retraite. Le Toyota, guidé par les bouses de vaches progressait sur l'asphalte maculé. Nous devinions le conducteur furax, armé peut-être d'un fusil de chasse. Sa réaction à notre curiosité laissait augurer du pire.

Yannick conduisait calmement, laissait couler la voiture dans les lacets avec maîtrise. Mathias soupira :

— Vous croyez que madame Leroux va nous rendre la caution ?

LE CHEMIN

Le chef du service m'avait prévenu : les collaborateurs ne sont pas gâtés avec les véhicules de société. Seuls les directeurs bénéficiaient d'une routière confortable. Il sembla le regretter, mais il ne pouvait rien y faire. C'était du ressort de la direction générale, qui sur ce point restait inflexible. Que je puisse renoncer à ce poste pour cette raison l'ennuyait. Il s'avança à me proposer d'équiper ma future Clio d'un autoradio plus performant. Mes voyages me sembleraient plus courts en écoutant de la musique, puisque mon CV précisait que j'étais amateur d'opéra. J'avais hésité à le noter à la rubrique « loisirs » que l'on ajoute toujours à la fin. Je ne pensais pas qu'il m'interrogerait sur ce détail qui passait généralement inaperçu. Au mieux, un employeur souriait de cet improbable goût pour le bel canto. Les entreprises de bâtiment sont rarement des repères de mélomanes. J'avais apprécié que le chef d'agence soit attentif à ce détail et je décidais d'accepter le poste de conducteur de travaux pour les grands chantiers. La perspective de nombreux déplacements me convenait autant qu'elle rebutait la plupart des candidats. Ma Clio fut disponible quelques semaines après mon embauche, et l'équipement radio conforme à l'engagement pris par mon chef. A vrai dire, je redoutais que ce ne fût pas le cas. J'avais trop souvent constaté que les promesses de circonstance évoluent en regrets, feints ou sincères, destinés à décourager le naïf qui s'est laissé tenter. J'étais satisfait de mon équipement Hi Fi. Je transférais immédiatement mes CD de Mozart, Bach et Bizet dans la boite à gants de mon nouveau véhicule. D'autres viendraient plus tard garnir l'espace chichement réservé au rangement. Mais il faut toujours assurer ses fondamentaux. J'insérai sans attendre le CD de Maria Montiro dans le lecteur, une version de Carmen que j'appréciais particulièrement. Le conservatoire, s'il ne m'avait pas fait le musicien que j'espérais, avait révélé le mélomane que je suis devenu. Le responsable de la chorale avait fait part à mes parents de la possibilité de me faire participer aux chœurs de l'orchestre national du Capitole. A l'âge ou d'autres garçons s'identifiaient à des footballeurs millionnaires, je fus, l'espace d'une saison, le presque partenaire de Carmen. Cette expérience éphémère scella ma passion pour l'opéra dont la belle andalouse devint le symbole. Le regard presque douloureux de la cigarière rebelle, libre et toujours prompte à s'enflammer trottait dans ma tête comme une icône inaccessible. Ma voix s'était révélée incompatible avec des études de chant après qu'elle eut muée. Et mes dons de violoniste ne pouvaient s'exprimer au delà du cercle familial. A défaut de talent, travailleur besogneux restait la seule issue à ma condition de fils de contremaître dans le bâtiment. Je me laissais guider avec la résignation des âmes mal nées, qui doivent attendre le nombre des années pour regretter de ne pas s'être révolté. « Ah, si tu avais appris l'accordéon, disait mon père. Voilà un instrument qui jamais ne vous trahit. Au moins tu pourrais jouer rue Alsace Lorraine, glaner quelques pièces que les Roms qui n'ont jamais fréquenté les conservatoires n'auront pas ». En panne au milieu du gué, la force me manquait pour affronter les courants et gagner l'autre rive, et c'est sous l'opprobre paternel que je dus faire demi tour. Le bâtiment s'imposa comme une bouée de sauvetage que je devais saisir pour me hisser à bord du navire et voguer vers un vrai métier.

Je garais la voiture dans le tournant et consultais mon Smartphone en attendant d'apercevoir le pavé de lumière sur la façade de la maison. Lorsqu'il s'allumait, je redémarrais et avançais très lentement. C'était un chemin oublié des services municipaux. L'asphalte était tellement usé que la terre nue se dévoilait maintenant à parité avec les reliefs du bitume. Dans la zone industrielle qu'il desservait à son insu, les bâtiments d'acier gris et blancs avaient mangé des terrains longtemps restés en friche. Mais le trafic avait décuplé, et les usagers ignoraient souvent le panneau tout neuf qui prétendait limiter la vitesse à 20Km/h. Une autre voie était tracée qui rejoignait la nationale. Elle serait aménagée dès que les crédits de la petite commune le permettraient. Je m'arrêtai presque à hauteur de la fenêtre et tournai la tête avec insistance. Satisfait, je pouvais maintenant déboucher sur le bitume lisse de la ZI et accélérer jusqu'au parking de l'agence régionale de la CMA, une société leader dans les bâtiments industriels à structure métallique.

J'arrivais très tôt pour éviter les embouteillages. Les bureaux étaient vides et je me préparais un café. Je profitais de ce répit pour vérifier mon planning, faire des mises à jour dans le calme qui précède l'agitation. A 8h, la noria des collègues viendrait machinalement saluer cet employé matutinal soupçonné d'excès de zèle. Ils appréciaient malgré tout que « j'ouvre la boutique ». Les volets roulants étaient relevés, la machine à café opérationnelle et les fax tombés pendant la nuit distribués dans les bannettes. Je pensais négocier avec le chef du bureau d'étude un accord pour modifier sensiblement mes horaires et pouvoir quitter mon domicile éloigné plus tard le matin. Mon contrat en CDI, après une période de 6 mois en CDD, me donnait l'assurance nécessaire pour me permettre cette audace. Mais cette fenêtre éclairée à 7h20 précises, au moment où je passais devant, annihilait toute volonté de changement. D'ailleurs, une mission inhabituelle m'était confiée : prendre en charge un chantier à Orange. C'était un peu loin de nos bases, mais l'agence d'Aix en Provence était débordée et ne pouvait l'assumer. Une prime était prévue qui devait plus facilement me faire accepter deux semaines hors de mon domicile. Le théâtre mythique d'Orange excitait ma curiosité. J'acceptai sans rien dévoiler de mon intérêt pour les chorégies qui s'y déroulaient et que je ne connaissais qu'en retransmissions télévisées.

Le rêve se substituait au sommeil. Une sorte de divagation semi consciente stimulée par l'alcool m'accompagnerait jusqu'au petit matin. Arrivé tard à l'hôtel, j'avais rapidement gagné la salle du restaurant et commandé une demi bouteille de rosé de Provence pour accompagner mon repas. Un excès que je me permettais parfois en déplacement, une récompense pour voyage accompli. La maison insolite au crépi jaune délavé trottait dans ma tête. Ecrasée par des bâtiments qui poussaient autour d'elle sans vergogne, son charme désuet s'étiolait en même temps que la peinture des persiennes s'écaillait. Dans le cadre improvisé d'une fenêtre de cuisine, une jeune fille brune aux cheveux longs bouclés apparaissait furtivement, révélée par un timide halo de lumière dorée. Je roulais au pas pour l'apercevoir. J'aurais voulu stopper mon véhicule et la rejoindre. Les subterfuges les plus invraisemblables bouillonnaient dans mon cerveau. Dans les opéras, le ténor entonne le grand air d'une scène pour séduire sa belle. Et Don Juan ne tracassait pas longtemps ses neurones pour aborder une conquête. Il est vrai que si elle résistait, il la prenait de force ! Dans la vraie vie, garer sa voiture sous la fenêtre d'une inconnue pour lui déclarer sa flamme naissante, entretenue par l'évocation du personnage mythique d'un opéra célèbre paraîtrait quelque peu incongru. J'imaginais de la suivre pour pouvoir l'aborder à un moment favorable, de sonner chez elle sous un prétexte que je n'arrivais pas à trouver. Simuler une panne devant son portail restait l'hypothèse la plus plausible. Mais des collègues ne manqueraient pas de remarquer la voiture de l'entreprise et découvriraient ce stratagème. Je serais alors l'objet de railleries, marqué à jamais par cette attitude incompréhensible. Forcé peut-être de démissionner, accablé de la honte provoquée par leur attitude de profane. Carmen était insaisissable, et tellement proche.

Le chantier était à 25 kms d'Orange au milieu d'une forêt d'arbres fruitiers. La coopérative avait commandé ce bâtiment pour abriter son stock de cagettes en bois. Elle était le seul attrait de ce bourg moyenâgeux, étouffé par la végétation qui le faisait vivre. Les travaux avaient pris du retard pour des raisons administratives, mais l'architecte avait obtenu des entreprises qu'elles travaillent aussi les samedi et dimanche afin de garantir la livraison à temps pour la saison. Les entreprises se soumettent toujours, c'est à ce prix qu'elles peuvent espérer garnir leur carnet de commandes. Je ne connaissais pas les équipes sur place, la coordination s'avérait difficile et mon implication sans répit. La réunion terminée, l'architecte laissa la discussion s'enliser autour de sujets déjà évoqués. Il en profita pour consulter ses mails et prendre encore quelques notes. D'un geste las, il posa les mains à plat sur son ordinateur refermé pour intimer le silence. Une tactique qu'il semblait bien maîtriser. Il reprit la parole, fit quelques remarques sans conviction sur l'entraide nécessaire entre les différents corps d'état, et précisa en se levant qu'il comptait sur la bonne volonté de tous. J'aspirais à quitter rapidement la pièce exiguë mise à disposition par la « copé » pour nos réunions. Malgré le déficit de sommeil, une idée fixe occupait mes pensées.

La nuit déposait un voile austère et

délicat sur le site mythique lorsqu'enfin je le découvris. Du théâtre antique je ne vis que les grilles fermées et les murs de lourdes pierres grises. J'éprouvais un sentiment de grande solitude en agrippant les barreaux d'acier froid. Aucun signe de vie ne put me donner l'illusion de la gaité qui régnait ici l'été, durant la saison très prisée des amateurs de lyrique. Je marchai un moment le long des grilles que les horaires contraignants de ma mission m'interdiraient de franchir. J'aurai voulu pouvoir imaginer Carmen, qui était programmé pour quatre représentations en juillet, me promener sur les gradins deux fois millénaires et chanter dans ma tête l'air de « la garde montante ». Rêver d'une saison future, accompagné de la « jeune fille à la fenêtre » devenue mon amie. Mais ces possibilités m'étaient confisquées par l'exigence d'un plus puissant que moi. A l'hôtel, la tête vide, j'avalai deux grands verres d'eau sans effet sur l'étau qui serrait ma gorge.

Le voyage du retour avait été propice à la réflexion, j'étais déterminé à parler à Carmen. Quelques mots qui pourraient sembler improvisés, une forme d'excuse pour tous ces véhicules de notre entreprise qui sont une nuisance pour les riverains. J'arrivai un peu plus tôt que d'habitude dans le virage où j'arrêtais ma voiture. Le jour se précisait sans que je voie la fenêtre éclairée. Quelque chose avait changé sur la façade. Je démarrai et vis un panneau dans le faisceau des phares. Je stoppai devant la maison aux volets fermés, le panneau annonçait sa démolition prochaine. Je restai un moment interdit par la brutalité de cette découverte. Ma gorge à nouveau se serrait, je devais avaler un café, faire les exercices respiratoires que j'avais appris au conservatoire pour me calmer avant l'arrivée des collègues.

Je tentais de dissiper ma déception en rédigeant le rapport sur le chantier d'Orange, lorsque le chef me posa la main sur l'épaule. Il souhaitait me voir un peu plus tard dans la matinée, disons vers onze heures. Mon CDI signé quelques semaines plus tôt me mettait à l'abri d'une mauvaise nouvelle. Même si dans cette conjoncture difficile, les marchés étaient rares et les licenciements fréquents. Cette attitude ne lui ressemblait pas, il était plutôt direct et ne s'embarrassait pas de formalités. Un entretien dans son bureau avait de quoi m'intriguer. Mon esprit balançait entre cette Carmen aperçue et déjà disparue, et cet entretien de onze heures qui faisait penser au bouillon du même nom.

D'un geste machinal il me désigna le siège de velours bleu marine. L'assise était bordée d'un voile de poussière grise que le séant des visiteurs n'était pas parvenu à effacer. Il appuya ses avant bras sur les accoudoirs abîmés de son fauteuil en simili cuir et rejeta son corps massif en arrière. Le vieux siège grinça, invitant le chef à s'exprimer. Il savait par le client et l'architecte que j'avais été efficace dans ma mission. Il souhaitait me récompenser en me confiant la conduite des travaux d'un bâtiment qui m'éviterait des déplacements. Il espérait que je serais satisfait de cette proposition.

L'entreprise de démolition n'avait fait qu'une bouchée de la vieille demeure, et les engins de terrassement avaient fait table rase de son passé. Je devais maintenant me montrer à la hauteur de ma récompense en implantant ici ce bâtiment impie. En étudiant les plans, j'avais constaté que la porte de l'accueil se trouverait presque exactement au niveau de la fenêtre de la cuisine de Carmen.

LE CADRE

Le dessus de la bibliothèque était devenu le réceptacle des objets sans objet. Posters roulés maintenus par un élastique, livres de trop grand format posés à plat et cadres qui n'avaient pas trouvé de murs pour les accueillir dormaient là, sous un duvet de poussière. Mais l'heure était venue de visiter ces intrus, de les déloger afin de les trier. L'agence avait insisté : les déménageurs devaient tout emporter dans les cartons prévus à cet effet. Le week end suffirait à peine. J'avais décidé de ne pas traîner, de jeter sans trop regarder, de penser à l'avenir sans m'attarder sur le passé. Malgré des gestes mesurés, mes allergies se manifestaient et j'éternuais comme je le redoutais. Je descendis de l'escabeau et déposai le tout sur le parquet. Vieilles affiches achetées dans les musées et revues jamais consultées furent sacrifiées en premier. Quelques croquis sous-verre parfaitement oubliés les rejoignaient vite fait. Un cadre de plus grande dimension attira particulièrement mon attention. C'était un poster qui représentait un projet de construction de la mairie de Barthas. Ce dessin d'architecte, avec des côtes et des indications de situation avait traversé plus d'un siècle pour venir m'interpeller chez un marchand d'articles de matériel de beaux-arts. J'avais voulu y voir comme un signe, un remugle du passé. J'avais hésité à l'acheter, je m'étais éloigné de quelques pas avant de revenir. Finalement je me décidai et le fit même encadrer. Quelques mois plus tard, mieux installés dans un nouvel appartement, il devint encombrant. Le dessus de la bibliothèque l'accueillit. Je l'avais oublié comme un vieux souvenir enfoui que l'on ne souhaite pas réveiller. Avec un chiffon, j'ôtais la poussière qui recouvrait le verre. Un tampon apparut dans un angle : « archives des Basses Pyrénées », avec au centre la mention « propriété publique ». Le dessinateur avait écrit en lettres majuscules de gros caractère « Ville de Barthas », en titre de son œuvre dont les plis et les cassures de l'original apparaissaient. Tout en bas, il était précisé en petit caractère d'imprimerie que ce projet, présenté pour un concours, n'avait jamais vu le jour. Pourquoi ce dessin recalé par la commission d'appel d'offre de la mairie venait-il s'imposer à moi jusqu'ici ? Je posai le cadre verticalement contre le fauteuil de mon bureau, j'avais besoin de me faire un café. A peine avais-je commencé ce travail ingrat que déjà je le regrettai. J'aurai dû prendre la formule de déménagement complète, plus onéreuse mais qui m'aurait permis d'éviter des rencontres inattendues que je ne souhaitais plus. J'aurai pu aller passer le weekend avec Sylvie et les enfants chez ses parents, au bord de la mer. Sans doute ce tableau serait-il alors resté ignoré, enfoui au fond d'un carton, entassé au milieu d'autres sans ménagement par un employé pressé. Plus tard, un jour funeste dans notre nouveau cellier, en ouvrant le carton il se serait manifesté comme l'œil de Caïn. Le passé fini toujours par grignoter le présent, surtout après avoir longtemps jeûné. Quarante années plus tôt, ma naissance fut déclarée à Barthas, dans la mairie sans charme qui fut finalement construite par l'architecte qui gagna le concours. Sans doute que son projet s'accordait mieux avec le budget dont disposaient les édiles de l'époque. Sans doute que ma destinée était incompatible avec ce qui m'était accessible dans cette ville. Son nom résonnait en moi comme le souvenir d'un rendez-vous manqué. Le temps s'y était écoulé comme le contenu d'un sablier que l'on aurait machinalement retourné. Rien ne s'y était produit qui put construire ma vie. J'avais un peu tardé pour accrocher ce cadre dans mon bureau. Je me l'imposai enfin comme on se lance un défi. Au début, il me gênait comme lorsque j'étais enfant l'appareil qui devait redresser mes dents. Puis je m'étais habitué, et mes dents s'étaient redressées. L'appareil avait longtemps encombré un coin de tiroir du buffet de la cuisine de mes parents avant de disparaître sans que je n'en éprouve jamais de regret. J'imaginais que si je retrouvais aujourd'hui cet objet incongru, je m'en débarrasserais. Je passai machinalement ma langue sur me dents maintenant alignées et tentai d'oublier ce cadre sans plus d'intérêt. Le café était tiède, mon esprit vagabondait. Je me résolu à descendre au local des poubelles cet encombrant objet qui depuis une dizaine d'années avait su se faire oublier.

Des livres rangés sur plusieurs mètres linéaires dormaient sur des étagères. Lus pour certains, jamais ouverts pour d'autres. J'essayai de me souvenir pourquoi un jour je les avais achetés. J'y parvint pour la plupart d'entre eux, mais dus y renoncer pour quelques uns. Je n'avançais pas. Ma progression laborieuse s'était transformée en flânerie. Mais l'objectif était fixé. Demain soir je devrai avoir terminé l'emballage complet de la totalité de nos biens. Plusieurs voyages au local des poubelles avaient été nécessaires. Le cadre restait plaqué tout droit contre la paroi intérieure du container où je l'avais déposé. Chaque fois que je soulevais le couvercle, après avoir tourné le bouton de la minuterie, un reflet sur le verre glissait comme un reproche anodin. Je tentai finalement d'agir dans le noir. Les revues poussiéreuses patiemment triées que je transportais s'éparpillèrent au sol. Cela m'obligea à activer la minuterie plusieurs fois pour les ramasser et m'exposa plus longuement au sortilège de ce bout de verre.

La nuit avançait sans se faire remarquer. J'allumai le plafonnier de la cuisine pour me préparer à manger et réalisai que j'avais oublié d'acheter des fruits et diverses choses pour tenir le week end. Je négligeai la sole — et ses arêtes — préparée par Sylvie. Une boîte de sardines et l'unique tomate trop mûre qui dépérissait au fond du frigo me suffiraient. Je découvris un sachet d'abricots secs Bio. Ils étaient d'une étrange couleur brune. La date de péremption me rassura. J'en pris deux et les mâchais avec la foi du militant écolo que je n'étais pas. Malgré l'heure tardive je m'offris un café qui m'aiderait à tenir jusque tard dans la nuit. Je m'octroyai un moment de repos dans le fauteuil de Sylvie, plus confortable que notre canapé. Je m'assoupis un moment.

Je sursautai comme si j'avais entendu un bruit. J'allai au milieu de mes cartons et n'y vis pas le cadre. Sans que je pus me l'expliquer, sa présence me manquait. Je pensai à nos enfants turbulents que l'on est enfin parvenu à confier pour un week end aux grands parents, mais que l'on est surpris de ne pas trouver le matin en se levant. L'ascenseur était occupé. Je descendis les cinq étages par l'escalier, poussai la porte du local des poubelles et soulevai le couvercle du container. Aucun reflet pour me guider. Je plongeai ma tête à l'intérieur, déplaçai quelques sacs à ordures en vain. Le cadre n'était plus là. Il arrivait que des rodeurs parviennent à s'introduire dans l'immeuble pour faire les poubelles. Ils pouvaient ainsi à loisir s'approvisionner avant que le concierge ne sorte les containers dans la rue, disponibles pour un nombre toujours croissant de SDF. J'étais dépité, figé un instant dans l'obscurité de ce local malodorant. Je sortis de l'immeuble et fis quelques pas sur le trottoir, à gauche, puis à droite. Je remontai jusqu'à la rue des Petits Champs, où j'imaginai qu'un quidam sans scrupule pouvait s'être mis à l'abri pour trier son butin. Je fouillai la poche droite de mon pantalon pour vérifier que les vingt où trente euros que j'y maintiens s'y trouvaient, prêt à dédommager mon voleur d'un cadre dont il ne pouvait rien espérer. Je remontai la rue et tournai à gauche pour faire le tour du pâté d'immeubles. Sans doute que mon visiteur avait ses habitudes dans le quartier. J'essayai de pousser quelques portes d'immeubles, je revins sur mes pas, convaincu d'avoir aperçu une silhouette. Les réverbères jouaient avec mon ombre et mon désarroi. Je regagnai mon appartement transformé en vide grenier, bousculai quelques cartons et reconnus le bruit familier de verre entrechoqué. Je saisi une bouteille de whisky vide aux trois quarts qui ne justifiait pas d'être emportée.

Il était déjà tard, et ma bouche en carton était encore imbibée du Chivas 12 ans d'âge. Je me traînai jusqu'a la cuisine et bus un verre d'eau que je ne sentis pas glisser dans ma gorge. Un deuxième sembla réveiller mon gosier. Je savais que l'échéance serait difficile à respecter. Dans moins de vingt quatre heures, des déménageurs indifférents emporteraient le contenu de mon appartement. Le souvenir du cadre s'était dilué dans l'abus de whisky. Le café était plus amer que d'habitude, et la pomme golden étrangement parfumée. J'ouvrais la porte fenêtre pour prendre le frais qui se révéla trop froid. Je rentrai, frissonnant et la mâchoire serrée. Quelques étirements maladroits me donnèrent l'illusion d'aller moins mal. Je provoquai mon découragement en ouvrant les placards de la cuisine. La vaisselle, majoritairement en provenance de chez IKEA, serait dispensée d'emballage trop contraignant. J'agrippai mollement les assiettes par trois et les positionnait dans un carton posé sur le sol. La perspective de devoir récupérer des débris de verre ou de faïence insidieusement logés sous les meubles m'ôta toute velléité d'augmenter la cadence. Plusieurs fois malgré tout, un verre ou une assiette tinta sans se briser sur le plan de travail. Barthas avait hanté ma nuit malgré le whisky. A moins que ce ne fut à cause de lui.

Ce poster déniché par hasard m'obsédait. Je saisi mon portable et naviguai sur le Net sans rien trouver qui éclaire le sujet. Pas la moindre trace de ce projet avorté qui venait maintenant me narguer, instiller des doutes dans mon esprit perturbé. Je me sentais vaguement coupable d'un délit que je n'avais pas commis.

La fenêtre sans ses rideaux était toute nue. Je l'ouvris et vis le camion des déménageurs manœuvrer pour se garer. D'en haut, il avait l'air d'un paquebot maladroit qui peine à se mettre à quai. Lorsque ce fut fait, je descendis pour accueillir trois gaillards bodybuildés qui s'étaient donné le mot pour broyer mes phalanges. Je rencontrai Mr Garcin, le concierge de l'immeuble. Je lui rappelai que c'est aujourd'hui que je déménageais, qu'il faudrait bien la matinée pour tout emporter. Il était convenu que je lui remettrais les clés avant de partir. Celui qui semblait être le chef n'était pas satisfait de mes cartons. Il aurait préféré, comme indiqué dans le contrat, qu'il y ait davantage de cartons, mais d'un poids inférieur pour pouvoir les transporter plus aisément. Je compris l'argument et m'excusai. Ça faisait beaucoup de culpabilité pour un seul long week end. Je les prévins que je m'absentais pour faire une course dans le quartier, qu'ils pouvaient m'appeler en cas de problème. Au café du Rialto, je pris un grand crème que je fis durer presque une heure. J'allais ensuite traînailler sur le boulevard, voir du monde et tenter d'oublier. Je pensai acheter des boissons pour leur faire plaisir, me faire pardonner aussi pour les cartons. Mais j'ignorais ce qu'ils voudraient. Je pris finalement des canettes de coca, des bières et de l'eau. Ils m'avaient remercié en esquissant ce que j'avais interprété comme un sourire. Ça m'avait fait du bien. Vers midi ils avaient terminé. Je leur distribuai les trente euros que je n'avais pas pu donner à mon voleur, et descendis voir Mr Garcin. Il tardait toujours un peu avant d'ouvrir, c'était sa manière à lui de montrer qu'il était toujours occupé. D'habitude, nos échanges ne dépassaient pas le palier, mais aujourd'hui, il insista pour que j'entre chez lui et referma la porte derrière moi. Une odeur acre et légère flottait discrètement. Je lui tendis les clés et restai figé. Il en fut surpris et me demanda si j'allais bien.

— Peut être la fatigue du déménagement ? dit-il.

Je me repris difficilement. Face à moi, debout sur le parquet, contre le mur du salon, entre le radiateur et un bahut rustique, mon cadre me narguait.

La photographie avait disparue, laissant voir par transparence les fragments de scènes de chasse à coure du papier peint. Mr Garcin vit mon trouble.

— Vous regardez ce cadre ? J'ai pensé que sa couleur verte irait bien avec le gris et le rouge de la tapisserie. C'est fou ce que les gens peuvent jeter. Moi, je récupère. Parfois je revends sur Internet, ou à un vide grenier, mais celui là, je crois que je vais le garder.

J'étais bouche bé.

— Et... l'image ?

— Sans intérêt. Je finissais de la brûler pour essayer la cheminée avant les premiers froids quand vous avez sonné.

Mr Garcin, d'un mouvement de la tête, me désigne le foyer au fond du salon. L'œuvre que j'avais abandonnée avant de lui courir après, n'avait pas eu suffisamment de force pour aider un vieux cageot à s'enflammer. Il crut bon d'ajouter :

— C'est la mairie de Barthas, vous connaissez ?

NUIT DE DÉSAMOUR

Minuit. Damien saluait toujours cet instant de plusieurs bâillements, s'étirant sous les néons crus qui torturaient nos pupilles dilatées. Le silence, haché par le picotement anarchique des aiguilles, envahissait le petit laboratoire. Le temps s'apprêtait à basculer dans le jour suivant. Le plus attentif d'entre nous accompagnait ce changement en s'exclamant : « minuit, l'heure du crime ». Cette expression familière dont l'origine nous était inconnue sonnait comme un rituel. C'était aussi le signal de mise en garde contre le sommeil. Les intérêts du rythme biologique et du travail de nuit commençaient à diverger. Le tic-tac rageur des aiguilles qui piquaient le wafer en attestait. Le binoculaire sans maître de Badou, agité de convulsions trop régulières alerta Damien. Il était l'ange gardien de l'africain fatigué, qui ne tenait jamais son poste au-delà de minuit.

La solidarité spontanée de notre petite équipe protégeait Badou du pire. La journée, il était sensé étudier l'économie tout en s'occupant de ses trois jeunes enfants. Son épouse le relayait le soir, après sa journée au pressing. Il dormait alors trois heures, puis se rendait à l'usine dans son antique Volkswagen. Toujours en retard, il sacrifiait les civilités d'usage, redoutant la visite du chef lors de la prise de poste. En équilibre instable au zénith de l'exaspération du contremaître, il risquait la chute à tout moment. Il ajustait le bino à sa vue avant d'effectuer laborieusement les réglages minutieux. Enfin son écran s'allumait, les courbes multicolores apparaissaient qu'il fallait surveiller jusqu'à six heures du matin. Lorsque les aiguilles qui testaient les puces étaient prises de tachycardie, les yeux rivés au binoculaire, on pratiquait les ajustements nécessaires. Sans ces interventions, les produits étaient gâchés. Il fallait alors s'expliquer, risquer de perdre une maigre prime, mettre en danger son emploi que d'autres, qui testaient les diodes ou les transistors à la chaîne nous enviaient. Badou tenait deux heures avant de s'assoupir dans une position inédite. Lorsque le contremaître jetait un coup d'œil par le hublot, il pouvait voir le dos courbé et la nuque noir ébène d'un travailleur attentif devant sa machine. L'heure du crime était fatale à son sommeil. Damien se pencha sur le bino et remit tout en ordre. Il recommencerait toute la nuit. Axel et moi n'étions complices que par notre silence. Avachis sur nos sièges pivotants, nos regards se croisaient mollement. Les paroles devenaient rares, les gestes lents.

Longtemps les métiers sans qualification furent sa spécialité. Damien s'était essayé dans les domaines les plus variés : laveur de voitures, garçon de café, agent recenseur ou enquêteur sur la voie publique pour quelque produit ménager. Aucun n'avait su le retenir. Il s'était laissé convaincre de postuler pour ce travail de nuit. Avec l'appui d'un conseiller municipal vaguement ami d'enfance de son père, il avait obtenu cet emploi. La règle imposait une semaine de formation sur le tas, la seule qu'il n'ait jamais reçue. A terme, il devait accéder à un poste de jour. Damien espérait depuis quatre ans. La routine s'était installée. Sa vie rythmée à contre temps le distinguait du commun des travailleurs. A vingt huit ans, il pouvait bien sacrifier son sommeil et profiter de ses journées. Se lever à l'heure où on déjeune, remplir ses après midi à flâner. Il trouvait parfois un nouvel endroit inexploré, un café, un cinéma, un petit restaurant. Il sous entendait des rencontres avec des filles, des possibilités de rendez-vous. C'est ce qu'il racontait avant l'heure du crime, avant que la fatigue alourdisse les corps et disqualifie l'imagination.

Salhia appuyait son épaule contre la porte pour la faire gémir, tirant à l'intérieur son chariot de technicienne de surface. Le ménage signifiait aussi l'heure de la pause. Damien ferait la permanence, il resterait pour surveiller les binos, pour observer Salhia. Toujours vêtu d'un jean usé impeccable et de baskets blanches, il entretenait cette image d'adolescent qu'il cultivait par habitude. L'esquisse immuable d'un sourire gravée sur son visage, ce grand blond timide qui mâchait toujours du chewing-gum semblait avoir glissé d'une page de ces catalogues de vente par correspondance, dans lesquels, adolescent, il avait le droit de choisir quelques vêtements. Badou avait tourné la tête, consenti un regard brouillé, repris sa position initiale. Damien déplaçait une chaise, bougeait une table pour faciliter le travail de Salhia. Il cherchait son regard, ses yeux noisette l'aimantaient. Une boucle de cheveux de jais venait régulièrement barrer ses sourcils. Elle la replaçait, évoquant une arabesque qui le faisait fondre. Il s'agitait, devenait maladroit, ne savait que dire. Effleurer sa main, son visage, lui proposer un rendez-vous ? Il procéderait dans l'ordre, trouverait le courage. Pour l'instant, il se contentait des sourires qu'elle lui accordait, découvrant des dents blanches qui soulignaient ce visage mat. Il se déplaçait dans un curieux pas de deux, au gré de l'évolution de l'aspirateur de Salhia. Danseur attentif à sa partenaire improvisée, il veillait à ne pas gêner sa progression, cherchait à capter son attention, accentuer son sourire.

— A demain… Un sourire, une légère hésitation.

— Je continue, dit-elle en guise de politesse.

— Oui. Dit-il simplement, fasciné.

Il la suivi du regard, fine silhouette bleu ciel arborant dans le dos les quatre lettres rouges du sigle de son entreprise. Elle méritait autre chose, il lui offrirait mieux. La porte se referma dans un miaulement. Toute marque de fatigue avait disparu de son visage. Il se surprit à sautiller comme un enfant joyeux. Dans son village natal, ses amis de collège respectaient le citadin qu'il était devenu. Ce statut imprécis lui conférait une part de mystère. Il lui suffisait de rester évasif sur ses nuits, d'enjoliver ses jours. Ses anciens camarades de classe n'osaient pas le questionner. Il était à la fois le renégat parti à la ville et le fidèle à l'éternel retour. Dans le petit café du village, la question n'avait jamais été tranchée. Lorsque le doute lui serrait la gorge, il aimait retrouver le confort rassurant des banquettes de skaï craquelé. Il commandait un kir ou un demi, fuyait le temps d'un week-end une réalité sans attrait, pour en inventer une autre frelatée. Badou dormait, les aiguilles heurtaient le silicium comme une pluie d'orage.

Nous avions croisé Salhia dans le couloir. C'était le signal pour retourner au laboratoire.

— Alors, ça avance ? t'as un rancart ? Quelques allusions à ses tentatives restaient sans écho.

Damien levait les yeux du binoculaire et souriait simplement.

— Vous occupez pas les gars, c'est mon problème.

Badou se réveilla, s'étira, fit quelques pas, et s'adressant à Damien, lui précisa qu'il se chargerait de son bino pendant sa pause. Lui-même la prendrait ensuite, tard, peu avant de cesser le travail. Il profitait ainsi de l'absence de contrôle du contremaître pour venir s'assoupir sur la banquette, près de la machine à café. C'était aussi le point de ralliement de l'équipe de nettoyage à la fin de leur service. Salhia y retrouvait toujours un collègue qui la rapprocherait de son domicile. L'africain fatigué, cueilli par le sommeil comme un enfant un soir de fête l'attendrissait. Ils réunissaient les quelques pièces de monnaie nécessaires pour prendre ensemble un café. Badou lui avait proposé de la raccompagner avec sa Coccinelle, compagne de ses tribulations à travers l'Europe, dont il vantait toujours la robustesse. Elle l'écoutait, aimait la voix chaude et rassurante de l'africain, mais n'avait pas encore osé accepter. Dans le vieil immeuble épargné par la construction du périphérique, elle n'occupait qu'une toute petite pièce. L'assistante sociale l'avait prévenue, ça n'est pas vraiment un studio, plutôt une chambre, une chambrette même. Mais avec de l'eau chaude et un chauffage. Il y avait là autant de pauvre qu'il y avait d'occupants.

Un soir de canicule, le petit groupe descendit à la rivière pour se rafraîchir. Salhia, se laissa entraîner sans rien dire. Depuis longtemps elle savait qu'elle braverait cet interdit. Elle voulait être des leurs, une fille comme les autres, qui peut s'affranchir de la permission paternelle pour simplement aller se baigner. Le groupe descendit en désordre par des chemins bordés d'herbe jaunie. Lorsqu'elle se retourna, les autres filles avaient disparu, seuls deux garçons la suivaient. Elle reconnut leur sourire et son cœur bondit instinctivement. Elle voulut faire demi tour, mais ils barraient l'étroit chemin. D'autres faisaient parfois de même au lycée professionnel, lorsque les couloirs étaient déserts. Il suffisait de les repousser fermement, ou menacer de crier pour qu'ils cèdent le passage. Le soir qui se répandait sur la colline étouffa ses appels. Son père l'avait giflée à toute volée. Sa mère le suppliait de ne pas la tuer. Elle sanglotât toute la nuit et dût partir au petit matin, s'éloigner des ruelles sombres et des façades grises, des regards désormais hostiles derrière les fenêtres étroites. Les Harkis les plus audacieux avaient réussi à s'extraire des cités d'urgence pour s'installer dans ce bourg. Au moins étaient-ils des villageois. La méfiance des autochtones s'était estompée. L'épicière acceptait même de leur faire crédit. La misère n'avait pas d'origine. Au détour d'une rue, un porche cintré baigné par le soleil de juillet était devenu le lieu de rendez-vous de quelques jeunes. Les garçons fumaient et parlaient fort et c'était pour les filles un abri précaire contre la vindicte des familles. On riait aux éclats pour rien, simplement parce que c'était l'été, et qu'un souffle provisoire animait ce village à l'agonie. Quelques jeunes venaient ici retrouver leurs racines chez leurs grands parents. Les motocyclettes dérangeaient les habitudes de sieste, des chapardages de vergers agaçaient. Tout ça alimentait les conversations dans l'unique et minuscule épicerie du bourg. On concluait, fataliste, qu'il faut bien que jeunesse se passe.

Les gars de la chaîne des transistors nous avaient prévenu : contremaître en approche ! Damien nous confia son bino, le temps d'aller rapidement chercher Badou. Il passa devant le coin repos désert de la machine à café, pressa le pas dans le long couloir pour atteindre les toilettes.

— Badou, le contremaître, dit-il assez fort à deux reprises.

Le son de sa voix résonna dans le vide. Il revint plus lentement sur ses pas. Un rai de lumière qu'il n'avait pas remarqué à l'aller soulignait la porte du local du ménage. Salhia aura oublié de l'éteindre. Il approcha, secrètement satisfait de lui rendre cet infime service. Il lui ferait gentiment remarquer demain. Elle serait obligée de le gratifier d'un sourire, de quelques mots peut être. Il poussa franchement la porte et le temps se figea, arrêt brutal sur image dans un film abîmé. Il ne pouvait pénétrer dans l'étroit local ni reculer pour s'en extraire. Aucun son ne pouvait sortir de sa bouche, et son sourire s'était mué en rictus amer. Badou fit un geste en forme d'excuse. Derrière son corps massif légèrement incliné, Salhia, de profil, baissait la tête en froissant sa blouse bleue contre sa poitrine nue.

Sur la porte du petit laboratoire, une feuille de papier A4 scotchée sur le hublot indiquait : « Probe Test, défense d'entrer ». Le contremaître nous informa avec un sourire satisfait, que Badou avait interrompu ses études, qu'il avait démissionné pour rentrer au Gabon avec sa famille. Damien était en arrêt maladie, il ne supportait plus le travail de nuit. La médecine du travail recommandait de lui proposer un poste de jour. Il comptait sur Axel et moi-même pour assumer le poste de nuit. Tester les puces dessinées sur les plaquettes de silicium demandait une attention et un calme qu'il nous reconnaissait. Il nous faisait confiance.

Il poussa la porte et après une hésitation se ravisa :

— pour le ménage de nuit, Salhia ne viendra plus, nous avons changé d'entreprise.

LE CAFÉ DE LA PLACE

Imperturbable, il s'affaire avec les gestes précis et réguliers d'un automate. Pierrot est un robot humain qui exécute inlassablement les ordres de Lydia, sa jeune serveuse. Son adresse dans la manipulation du percolateur ou du décapsuleur est celle d'un jongleur qui a acquis la parfaite maîtrise de son numéro. Derrière le bar, sa modeste piste d'un cirque aux spectateurs indifférents, il ouvre bières et sodas d'un geste vif et mystérieux, en prenant appui sur sa hanche. Depuis dix ans qu'il tient ce « PMU Café Tabac De La Place », les murs ont jauni, les sièges de skaï se sont avachis, ses cheveux ont blanchi. Dans le carré des anciens, à droite de l'entrée, les vieux le sont moins qu'autrefois. Les sans emploi de toutes sortes ont rajeuni la clientèle. Ils viennent plus tôt calmer leur misère à coup de café arrosé et d'espoir au trot attelé. Pour la plupart, les chevaux ne sont que des numéros, les jockeys des accessoires. Les noms drôles ou exotiques des quadrupèdes influencent plus surement le choix de la case qu'ils vont cocher, que leurs compétences en matière hippique. Le hasard fera le reste. Pendant les quelques minutes de la course, la télé mobilise l'attention. L'excitation fait monter l'adrénaline qui leur rendra un tonus déglingué. Les tickets partiront en confettis dans les cendriers, les illusions en fumée autorisée sur la terrasse dans cet espace réservé. Au comptoir, on échange des banalités, on émet une opinion, on demande un avis. Pierrot reste évasif, ne prend pas parti, s'intéresse peu, sourit... Ceux-là hésitent encore sans le savoir. Ils basculeront plus tard dans le brouillard du carré à droite de l'entrée.

Lydia transmet les commandes d'une voix aiguë et claire qui glisse sur le bruit de fond atone. Elle se faufile entre les tables, anguille serrée dans un jean, sa maigre poitrine moulée dans un T-shirt blanc griffé d'une marque de soda. Elle avait longtemps détesté cet endroit. Son père y faisait quotidiennement escale, garé en double file dans le matin blême. Ravitaillé en Marlboro pour la journée, le goût amer du café dans la bouche, il partait rassuré. A l'imprimerie, les plus jeunes disaient qu'il faisait partie des meubles. On respectait son savoir-faire, son expérience. On le consultait sur tout, au-delà même de ses attributions ou de ses compétences. Il trouvait dans ces sollicitations une marque de reconnaissance qui suffisait à ses ambitions. Des bruits ont couru. Des mots nouveaux : compétitivité, productivité, délocalisation. Fermeture du site. C'est à ce moment là que le processus s'est accéléré, du comptoir au carré des anciens. La présence de Claude se signalait par une toux devenue permanente. Il tentait désespérément de réprimer ses quintes, puis se résignait à offrir le spectacle d'un visage gris, asphyxié par le tabac, le corps amaigri agité de spasmes. De cette plongée en apnée il émergeait sans gloire. Le regard perdu, il attrapait le paquet de « fumer tue », allumait un nouveau défi qui partirait en fumée. Simon était client de longue date du pressing où travaillait Françoise, la femme de Claude. Ils ne communiquaient que d'un bonjour convenu, ou d'un hochement de tête discret. Lorsque Françoise décéda, Claude fut surpris de voir Simon à l'enterrement. Il pensa l'en remercier avant de quitter le cimetière, mais il s'était éclipsé sans qu'il s'en aperçoive.

Le jour de la naissance de Pierrot, le bonheur qu'il aurait dû éprouver fut englouti au chevet de sa jeune épouse. Les appareils respiratoires n'étaient pas parvenus à lui redonner le souffle de vie qui aurait pu la sauver. Il devint veuf en même temps que père. Il éprouvait depuis une irrépressible répulsion pour les cimetières. Simon était d'une élégance sobre. A la banque, ses collègues le chahutaient parfois pour ses costumes toujours impeccables et ses chaussures parfaitement cirées. Au pressing, il n'avait plus besoin de dire qu'il souhaitait un pli de pantalon bien marqué. Françoise le précisait elle même en prenant les vêtements, avec un sourire complice. La popularité de Claude ne dépassait pas l'enceinte de l'entreprise et ses bleus de travail affichaient sa condition, étendus sur un fil le samedi derrière le petit pavillon. Françoise rêvait sans rien oser espérer. Son mari était son compagnon, et l'amour un sentiment fugace, entretenu par les séries télé dont elle s'abreuvait. Issue d'une famille rurale, la résignation faisait partie de son bagage. Dans les bras de Simon, Françoise s'évadait sans avoir le sentiment de trahir. Son amant trouvait toujours les mots justes pour calmer ses interrogations. Il la rassurait, la confortait, l'emportait loin d'un quotidien sans relief. Il ne lui fit aucune promesse, elle ne lui en demandait pas. C'est avec gravité et détermination qu'elle annonça à Simon qu'elle était enceinte. Cet enfant était le sien, elle le savait, et elle en était heureuse. Elle souhaita qu'ensemble ils choisissent le prénom : Lydia pour une fille, son mari l'approuverait, puisqu'elle le voulait. Leur parenthèse enchantée se refermait.

Son bac de secrétariat lui sembla vite obsolète, comme les machines de l'imprimerie. En sortant de Pôle Emploi, Lydia allait prendre un café chez Pierrot. Il se montrait affable, en souvenir du père. Il n'avait pas assisté à l'enterrement. « Tu sais bien, le commerce », lui avait-il dit en forme d'excuse. Elle avait hoché la tête en expirant plus fort la fumée de sa cigarette. Ils se comprenaient. Elle avait accepté ce job en dépannage, en attendant de trouver un vrai emploi dans un bureau. Les semaines, puis les mois, l'avaient faite serveuse, plus sûrement que les années de lycée ne l'avaient destinée à la bureautique.

Le vent froid de décembre giflait les passants devant la cathédrale austère. Le SDF en titre avait déserté le porche pour se réfugier devant le Monoprix. Son commerce s'accommodait mal des rigueurs hivernales.

Lydia, dans les moments calmes, goûtait le plaisir de baigner dans les odeurs douçâtres du café. Elle approcha son visage de la vitre, y souffla un nuage opale. Avec son doigt, elle dessina un cœur, pour s'amuser. Elle s'éloigna tandis que son œuvre pleurait en devanture. Des clients arrivaient, pour le dernier café de la matinée, pour le premier apéritif de la journée. Pierrot ne tarderait plus, ses deux fils devaient rejoindre leur mère. Divorcé, ses obligations envers ses enfants étaient légiférées. Il s'y était longtemps soustrait, avait reçu des lettres recommandées, fréquenté les tribunaux, payé des amendes. Par lassitude, par obligation, il avait accepté la situation. Il parlait maintenant avec sérénité de ses garçons et de son ex femme. La colère sourde qui montait en lui lorsqu'un client évoquait le sujet s'était diluée sur le comptoir, usée par les regards provocateurs et les coups d'éponge rageurs.

Le « salut » qu'il adressa à Lydia fut happé par le bruit sec de la porte. Depuis quelque temps, Pierrot était plus vif, plaisantait volontiers, s'était réconcilié avec son commerce. Il n'imaginait pas son café sans Lydia. Sa seule présence redonnait vie à cette salle sinistre. Quelquefois, d'un geste bref et désinvolte, Pierrot avait saisi Lydia par les épaules pour passer derrière le bar. La jeune fille n'avait pas réagi. Pierrot se torturait l'esprit pour savoir comment interpréter cette indifférence. Il redoutait d'être éconduit, et de retomber dans la morosité à peine dissipée.

Simon venait rarement au café. Il n'aimait pas voir son fils dans cette ambiance glauque. Leur relation avait toujours été sans éclat. Terne dans leurs échanges, sobre dans leurs désaccords. C'est en père distant qu'il avait essayé d'accompagner au mieux Pierrot dans un parcours sans surprise. Passable et médiocre étaient les appréciations habituelles de ses professeurs. Il se distinguait d'un assez bien en éducation physique. Au grand désespoir silencieux de Simon. Il fallut pourtant admettre qu'il se faisait remarquer sur les stades, par son engagement, son courage et son habileté. Simon attendait qu'on lui reconnaisse l'intelligence du jeu. Mais jamais cette expression ne fut employée. Après qu'il eut écumé plusieurs clubs régionaux de seconde division, la gloire se faisant attendre, il dut raccrocher. L'âge et l'abus de troisièmes mi temps l'avaient mis hors jeu. Malgré tout, son passé de sportif lui avait permis de prendre la gérance du « Café de la Place ». Quelques ballons ovales mettaient en exergue son passé sur des présentoirs de bois verni. L'illusion d'avoir été, ainsi entretenue, lui attirait l'empathie de la clientèle. Simon était maladroit, mais il devinait le danger. Depuis quelques temps, il se rapprochait de son fils, pour prendre un café ou un Perrier, tenter de bavarder avec Pierrot et observer Lydia. Ce qu'il percevait l'inquiétait sans qu'il sache comment agir pour le prévenir.

Le SDF avait regagné le porche de l'église. Calé entre deux colonnes glacées, c'est dans son biotope qu'il se supportait le mieux. Il lui semblait que la mendicité s'accommodait mieux avec la religion qu'avec la grande consommation. Pierrot s'était avancé machinalement vers la vitre froide. Son regard vide s'éparpillait sur la place. Il se retourna pour regagner le bar où quelques clients s'étaient installés. Lydia, par-dessus les têtes des consommateurs avait deviné son trouble. Lorsqu'il posa ses mains sur les épaules de la jeune femme pour passer derrière le bar, elle tourna la tête et lui adressa un regard complice.

Les efforts de Simon pour se rapprocher de son fils commençaient à payer. Pierrot souriait en le voyant arriver et prenait le temps de prendre un café avec son père. Leurs échanges étaient banals mais comblaient le vide qui fut longtemps la règle. Lorsque Lydia s'approcha pour le saluer, il en fut troublé, il vit en elle Françoise au temps de leur liaison. Elle leur proposa un autre café. Cette initiative lui permettait d'affirmer sa position nouvelle dans le café. Elle effleura le bras de Pierrot avant de s'éloigner derrière le bar, mais il la retint par la taille, et voulut lui même s'en occuper. Simon n'avait jamais eu vraiment de contact avec sa fille. Au pressing parfois, lorsqu'enfant elle rejoignait sa mère ou plus tard adolescente, quand il la croisait au hasard dans les rues de la ville. Le pacte n'avait jamais été rompu de ce silence librement consenti. A cette heure creuse de l'après-midi, Simon et Lydia partageaient pour la première fois un moment d'intimité. Pierrot posa les trois expresso sur la table avant de s'asseoir, puis se redressa sur sa chaise et inspira exagérément. Lydia lui caressa à nouveau le bras pour l'encourager.

— Lydia et moi, nous voudrions t'inviter à dîner ce soir à la maison.

Simon demeura aussi froid que le marbre de la table autour de laquelle ils étaient réunis. Il lui sembla que Lydia percevait le léger tremblement de ses mains et sentit la tension de son fils en attente d'une réponse libératrice.

— Oui, dit il d'une voix blanche. Il fit l'effort d'ajouter un « Bien sûr » mal assuré.

Simon ne prêta pas attention au SDF qui avait repris ses quartiers devant le Monoprix. Mais il se ravisa et fit demi tour en fouillant la poche de son pantalon. Il en sortit de la monnaie et lui tendit quatre euros et quelques pièces jaunes qu'il n'avait pas comptées. Interloqué par ce geste généreux d'un homme qu'il avait souvent sollicité en vain, il ne trouva pas la ressource de le remercier.

Simon poursuivit son chemin jusqu'à la boutique Interflora, où il se fit aider par la fleuriste pour le choix de deux bouquets. Il irait d'abord au cimetière, pour la première fois depuis l'enterrement de Françoise. Ensuite, pour la première fois, il se rendrait chez ses enfants.

MORTEL JOGGING

Habituellement je l'avale d'un trait. C'est un accord que j'ai passé avec moi-même il y a longtemps. Le minimum indispensable ne doit souffrir aucun arrêt, il doit s'accomplir sans faille, court mais impeccable. Pourtant, il m'arrive de plus en plus souvent de déroger, de faire quelques concessions d'une dizaine de secondes avec la règle. A cause de la luminosité particulière du petit matin, ce jour là j'ai fait une exception, une vraie coupure : j'ai cessé de courir pour marcher, tel un bipède ordinaire !

J'ai d'abord cru entendre des craquements, légers, secs, puis le silence lorsque je tendais l'oreille. Un promeneur solitaire ? Une bête sauvage ? Peut-être vais-je voir un sanglier, j'ai entendu dire qu'il y en avait par ici. L'aventure ne serait pas banale, même si l'homme n'est pas sa proie favorite. La rencontre possible avec la bête justifierait mon arrêt, me déculpabiliserait de cette pause interdite. Ma curiosité prudente me pousse à quitter le chemin et à m'engager de quelques pas sur le sentier. Les crépitements s'intensifient comme lorsqu'un feu de cheminée décide enfin d'embraser le foyer.

Je sentis une pression sur le côté droit de mon dos, mais la forêt n'était pas assez dense pour qu'une branche vienne me gêner sans que je l'aie remarquée. Mon interrogation fut de courte durée, la réponse claqua d'une voix ferme et nerveuse : « Pas un geste, lève les bras » ! J'eus à peine le temps d'être surpris. J'identifiai une voix jeune et j'aperçus le tube d'acier qu'il semblait vouloir insérer entre mes côtes. « Avance ou je vais tirer » précisa-t-il plus fort.

Nous n'avions fait qu'une cinquantaine de mètres sur un sentier suffisamment inégal pour que je tente le coup. Je m'affaissai en laissant échapper un « aïe » à l'authenticité discutable et affichai un rictus le moins factice possible. Je massai ma cheville et levai la tête pour voir son visage. Il était décontenancé mais très nerveux. Il m'intima l'ordre de me relever en me donnant un brutal coup à l'omoplate avec le canon de sa carabine, comme un poilu de quatorze l'aurait fait avec sa baïonnette. Le résultat fut moins dramatique. Je me relevai feignant la difficulté, et tentai un semblant de conversation.

— Mais qu'est ce que vous voulez ?

— Ta gueule !

Pour un serial killer, il manquait vraiment de répartie. Ils sont pourtant réputés intelligents et manipulateurs. Ce devait être autre chose, peut être un simple rôdeur, mais dans ma tenue de joggeur, que pouvait-il bien me prendre qui justifiât l'utilisation d'une arme à feu ? Il était de ma taille, très mince et les nerfs à fleur de peau. Des cheveux noirs et raides assez longs. Un sweater et un pantalon qui n'étaient pas ceux d'un touriste.

La télévision nous abreuve de séries médiocres, qui mettent en scène d'improbables situations que le téléspectateur blasé regarde distraitement. Cela est tellement rare sous nos latitudes. Aux Etats-Unis, sur leur côte Atlantique à eux, mais ici, sur nôtre côte Atlantique à nous, réputée pour son atmosphère familiale et propice au jogging matinal ? A la télé, justement, j'avais dû voir, dans un épisode du Fugitif je crois, une scène comparable, et je ne regrettai pas de m'être vautré une fois de plus dans mon fauteuil, me laissant glisser à la facilité coupable de ce feuilleton qui épuisait la troisième génération de téléspectateurs. C'est vrai que les rouleaux de papier peint commençaient à s'abîmer en attendant leur destination définitive sur les murs de la chambre des enfants. C'est vrai que notre petite terrasse, lieu de stockage idéal pour le matériel de peinture, ressemblait à l'atelier de la bohème de Puccini, et c'est vrai que si la Mimi de l'appartement toussait moins que celle de la Bohème, elle gardait sa vitalité pour la réprobation. Ne disait on pas que le Fugitif était le feuilleton culte des années d'avant la couleur ? Colorisé depuis, je pouvais bien sacrifier une séance en compagnie des enfants, qui n'étaient pas à une semaine près pour la colorisation de leur chambre.

Agir ou subir ? That is the question ! Et je savais bien que pour trouver la réponse je n'avais que les deux à trois secondes qui me séparaient de notre tentative de conversation, au nouveau rictus dont j'allais le gratifier.

Le pistolet est plus maniable que la carabine, ce n'est pas John Wayne qui dirait le contraire. Combien de fois l'ai je vu se castagner ? Si l'on arrive à dévier le canon de la carabine et à ceinturer son adversaire, à le maintenir solidement, s'il parvient à presser la détente il a plus de chance de se suicider que de vous atteindre. Si je voulais ressembler au héros de mon enfance, c'était le moment ou jamais. Je crois que j'ai parfaitement bénéficié de l'effet de surprise, il n'a même pas pu tirer en l'air quand j'ai dévié son arme. J'ai pu le ceinturer solidement, et j'essayais de me rapprocher d'un pin, suffisamment près pour forcer sa tête de serial killer à s'expliquer avec le conifère. Il gigotait affreusement, mes tibias n'allaient pas résister longtemps. C'est James Bond qui a eu le dernier mot, je lui ai vu faire ça un certain nombre de fois dans des films que je croyais avoir oublié. J'avais encore assez d'énergie pour le ceinturer avec un seul bras, et de l'autre, j'enserrai son front, plaquant sa nuque au creux de mon épaule. Je tournai violemment sa tête. Quand c'est James Bond qui le fait, ça craque atrocement au niveau de la troisième vertèbre cervicale, c'est le même bruit que lorsqu'on fait craquer ses doigts, mais le résultat est définitif. Là, je n'ai rien entendu, le type est devenu tout mou avant de glisser à terre. Après tant de tension, il était comme un traversin désordonné abandonné sur le sentier.

Lorsque les muscles de mes cuisses ont suggéré à mon cerveau de faire une halte pour cause de petite forme, mon cœur devait pulser à cent vingt. Juste avant que cet individu ne décide de faire ma connaissance, il avait retrouvé son régime de croisière d'après effort à cent. Maintenant, c'est peu dire que j'avais le cœur gros, il avait envahi tout mon être. Il secouait violemment mon thorax, jouait les maîtres de forge dans ma tête, et menaçait de faire éclater ma gorge. C'est à reculons que je regagnai le chemin, alors que les premiers rayons de soleil s'immisçaient à travers les pins sombres, lorsque Vivaldi vint à la rescousse.

Le téléphone portable, s'il a le fâcheux inconvénient de massacrer « les quatre saisons », a l'avantage de pouvoir vous ramener à la réalité. C'était Mimi, enfin, Charlène, ma femme. Elle appelait du bureau, elle voulait savoir si elle devait me rapporter de la colle pour avancer dans mes travaux de tapisserie.

— Ton jogging, ça été ?

Elle dut se satisfaire d'un « ouais » évasif. - Pour la colle, ça ira pour l'instant.

— Ne traînes pas, il faut que tu termines dans ta semaine de congé, pendant que les enfants sont chez mes parents.

J'ai pris le temps d'un petit déjeuner sous

le contrôle réprobateur de mes chaussures de jogging. Des Asics neuves fraîchement disputées pendant les soldes chez Décathlon, lâchement abandonnées au coin du radiateur de la cuisine. Vues de dos, leurs talons semblaient exprimer une frustration proportionnelle à ma culpabilité. Les bonnes résolutions avaient fait pshitt dès le premier jour, remplacées par un rêve cauchemardesque qui continuait de trotter dans ma tête. Après trois semaines d'arrêt pour cause de bronchite aggravée d'un soupçon de flemme opportun, je n'avais même pas entendu sonner le réveil.

Afficher le premier lé fut laborieux. Je n'arrivais pas à trouver l'aplomb et dû m'y reprendre à plusieurs reprises avant de décider que le mieux est l'ennemi du bien. Le deuxième lé refusait obstinément de venir jouxter le premier malgré un marouflage intensif. Impossible de combler le filet blanc qui les séparait sur toute la hauteur ! L'armoire positionnée 20 cm plus près de la fenêtre, masquerait ce qui serait une imperfection, si l'on refusait de considérer le gain de place pour le bureau. Je n'avais pas la tête au papier peint et n'aurai pas suffisamment de meubles pour maquiller un travail bien médiocre. Je posai quand même 3 lés supplémentaires le moins mal que je pus et replaçai l'armoire comme je l'avais décidé. Je minimisais ainsi la probable déception de Charlène, et pouvais espérer une soirée, peut-être avec de la soupe, mais sans grimace... Le jogging que je n'avais pas fait m'obsédait. J'analysais ce rêve par tous les bouts et ne parvenais pas à l'expliquer. Plusieurs fois j'avais regardé par la fenêtre, redoutant de voir une voiture de police garée devant l'immeuble. Je ne pouvais me raisonner. « Rêve du petit matin, chagrin ». Ce proverbe détourné agaçait mon esprit déjà perturbé. Je ne prête généralement pas d'importance à mes rêves, que j'oublie dès le réveil. J'attrape mes Asics neuves et les examine soigneusement. Pas la moindre trace de poussière, semelle impeccable. Aucun doute, je ne suis pas sorti. Mes interrogations sont stupides, mais la littérature criminelle est pleine de types normaux qui ont commis des crimes affreux alors qu'ils pensaient simplement être endormis. Cela leur permet d'affirmer leur innocence avec un aplomb souvent convaincant. On les déclare schizophrènes, il s'en tirent avec un séjour à l'hosto et continuent à vivre la conscience tranquille. La colle peut bien finir de sécher dans le seau, je décrète l'état d'urgence.

L'amorti est nettement mieux qu'avec mes vieilles Nike. Je sais que je suis en surrégime et que je vais le payer, mais il y a urgence. J'attaque le chemin et deviens très attentif au parcours que je connais pourtant par cœur. Les sentiers, souvent à peine visibles, sont nombreux et je n'y prête guère attention d'habitude. Dans le souvenir de mon rêve, il partait à droite. La bruine aura découragé les joggeurs, je ne rencontre personne. A la sortie d'un virage, je crois me souvenir d'un départ de sentier. Je ralentis et aperçois une trace que je décide de suivre. Le petit bois craque sous mon poids. Je m'enfonce davantage dans les pins jusqu'à une clairière. Un claquement sourd immédiatement suivi d'un autre plus fort me cloue sur place. Je n'ose plus bouger. Je voudrais crier, signaler ma présence, mais prendre le risque d'attirer l'attention me semble dangereux. Courir le plus vite possible vers le chemin est la solution salutaire. En faisant demi tour, un bruit de crécelle attire mon attention. Une famille de sangliers fait crépiter le bois mort en traversant la clairière, deux adultes suivis d'une ribambelle de petits tracent leur chemin en file indienne, pressés de fuir le danger. Rien ne les ferait dévier de leur route. D'autre coups de feu claquent en désordre. Instinctivement, je fléchis mes jambes et rentre la tête dans mes épaules. Contre une horde de chasseurs, James Bond ne pourrait rien pour moi. La clairière est déserte. Je reste immobile un long moment, dans le silence brumeux d'un début de printemps humide. Une pomme de pin dégringole et vient rouler mollement entre deux conifères, m'intimant l'ordre de partir. Mes Asics me traînent jusqu'à l'appartement. Dans le seau rouge du ménage, la colle a séché. Je tente de la ressusciter en ajoutant trop d'eau. Demain, il me suffira de rajouter de la poudre pour équilibrer le mélange. Je ne sais pas combien il y avait de sangliers. C'est juste une vision furtive gravée sur mes pupilles, des images en surimpression égarées dans cette clairière, accompagnées d'une étrange bande son. J'examine mes Asics : la semelle est humide et un fragment d'aiguille de pin collée au talon atteste de ma sortie. Les coups de fusil et le galop des sangliers s'imposent en fond sonore dans ma tête.

Charlène cache mal sa déception. L'armoire, trop basse, souligne la ligne blanche entre les deux lés de papier peint. Mon argument de gain de place pour le bureau ne trouve aucun écho, et le brick de soupe acheté en hâte à la supérette en face de chez nous est accueilli avec une grimace. Je ne fais aucun effort pour me justifier et laisse s'installer un pesant silence, que Charlène rompra d'un clic sur la télécommande de la télé. Je me dirige lentement vers la fenêtre et entrouvre le rideau. Aucune voiture de police n'est stationnée devant l'immeuble. Mais je sais que par discrétion, ils se garent plus loin pour bénéficier de l'effet de surprise.

LA RENCONTRE

Après tout ce temps, il lui avait suffi de consulter l'annuaire pour me dénicher. Plusieurs homonymes avaient d'abord subit sa requête avant qu'il ne tombe sur moi. En moins de dix minutes, il avait alors résumé une quinzaine d'années, un exercice de style accompli avec brio. Puis l'essentiel : « je ne suis là que pour quelques jours, j'ai pensé que l'on pourrait se voir demain, prendre un café comme au temps ou nous étions étudiants ». J'aurais voulu réfléchir, pouvoir décider, j'ai simplement accepté.

Décembre s'agrippait aux lambeaux d'un automne pluvieux. A quelques jours de Noël, guirlandes et illuminations déguisaient les rues en décor de cirque a ciel ouvert. Sur la place Wilson, un manège rétro quémandait le regard attendri des parents qui lui confiaient leurs enfants. Le ciel gris fondait comme un invisible pain de glace sur les pavés mouillés. Je marchais lentement, je prenais mon temps. Frédéric était entré par effraction dans notre petit groupe un jour de grève des autobus. Il s'était proposé de nous véhiculer dans son Alfa Roméo Spider rouge. Avec un naturel désarmant, son sourire insouciant nous avait entraîné bien après que les transports en commun ne se décident à circuler à nouveau. Nous avions nos habitudes au café des allées, proche de la faculté des sciences. Une table dédiée à notre petit groupe, dans le coin près de la vitrine qui donnait sur une rue piétonne, nous accueillait presque quotidiennement. Les contingences matérielles n'affectaient guère Frédéric. C'était un météore tombé d'une planète inconnue, discret sur ses origines. Nous ne savions rien de lui. Jamais il ne parlait de sa famille et demeurait muet lorsque nous évoquions les nôtres. Il éludait nos questions par quelques pirouettes, des gestes elliptiques dissuasifs. Il nous avait vaguement expliqué qu'un oncle avait mis une chambre de sa maison à sa disposition. Nous demeurions intrigués, mais respectueux de sa réserve. Son Alfa Roméo était naturellement mise à la disposition du groupe, et nous permettait de sortir pour quelques ballades ou soirées festives auxquelles nous n'aurions pu participer. Souvent il réglait discrètement l'addition, puis nous repartions dans son bolide sous les regards envieux.

Frédéric avait disparu comme on s'éclipse discrètement d'une soirée ennuyeuse. Pas d'au revoir ni de petit signe d'adieu, simplement le constat d'une absence sans préavis. En période d'examen, les habitudes changeaient, peut-être avait-il décidé de se retirer pour étudier, rattraper le retard accumulé. Ses études ne le préoccupaient guère. Nous le supposions d'une famille aisée avec laquelle nous l'imaginions en conflit. Mais jamais plus il n'avait poussé avec entrain la porte de notre café et rejoint notre coin de sa démarche une peu particulière : il relevait légèrement le talon à chaque pas avant d'accomplir le suivant. Toujours souriant, il attendait alors que nous manifestions notre surprise et vérifiait ainsi le charme qu'il exerçait sur les filles et les garçons installés sur les banquettes. S'il était gratifié d'un compliment sur ses vêtements, son sourire un instant se figeait de contentement. Il sortait souvent un kleenex pour essuyer le bord de son verre avant d'y verser la boisson qu'il avait commandé, puis il l'utilisait comme sous verre avec le plus grand naturel. Miasme de l'éducation du garçon bien élevé qui apprit très tôt qu'il fallait protéger le vernis du mobilier en merisier. Son départ énigmatique avait cessé d'alimenter nos conversations, et notre étonnement s'estompa. Je compris aussi que je ne reverrais jamais « les fleurs du mal » que je m'étais offert dans une édition coûteuse avec l'argent récolté pour mon anniversaire, et que je m'étais laissé convaincre de lui prêter. Plus tard, la vie active ne laissa subsister de lui qu'une silhouette svelte et décontractée. Parfois je pensais l'avoir aperçu au détour d'une rue, dans la foule où furtivement un visage ressemblait au sien. Mais le temps emporte aussi les fantômes.

Des revenants, j'en avais rencontré quelques uns. Par hasard le plus souvent, ou portés par le ricochet d'une relation qui facilitait un rendez-vous. Lors d'un déjeuner on égrenait un passé magnifié, racontait l'écume du temps qui nous avait séparé. Des légendes se dessinaient, des nostalgies se réveillaient. Les promesses de se revoir résonnaient comme une politesse. Ces urbanités n'étaient qu'un jeu, une parenthèse imprévue qui donnait un peu de relief au quotidien. Il fallait revisiter le passé, se convaincre de n'avoir pas tout à fait échoué. Un plus mal loti rassurait, un nanti intriguait, un alter ego pouvait souligner notre médiocrité. A l'orée de la trentaine, je ne souhaitais plus ces come back hasardeux qui ravivent furtivement le passé pour mieux vous faire éprouver le présent. De Frédéric je gardais un souvenir ambigu. Son insouciance, sa gaité, cette capacité à nous entrainer dans des soirées incompatibles avec nos études prétendument sérieuses me déstabilisaient. J'aurais voulu résister, mais toujours je me laissais happer comme un objet métallique à proximité d'un aimant. Il semblait venir de nulle part et s'être arrêté un instant pour interpréter un personnage facétieux de la commedia dell'arte. Un Sganarelle sans Dom Juan égaré sur une scène dont il aurait réquisitionné les spectateurs. Nous étions bon public, séduits et intrigués par ce saltimbanque en Alfa Roméo rouge. Son esprit d'à-propos et sa répartie facile interdisait toute résistance. Non sans m'agacer parfois, car les filles étaient sous le charme de ses traits d'humour qui déclenchaient souvent des fous rires. Mais je n'eus pas le temps de percer le mystère de cet énigmatique étudiant.

Un coup d'œil machinal à ma montre me confirma une avance confortable. Je décidais de flâner. J'empruntais des rues piétonnes que j'avais oubliées. Des restaurants et des cafés arboraient des enseignes que je ne connaissais pas. Me perdre dans la ville fut longtemps un plaisir de promeneur solitaire. Sur la place des Puits Clos, je découvrais le Starbucks indiqué par Frédéric où nous étions convenus de nous retrouver. Je commandais un capuccino, pour rompre avec l'habitude de l'éternel expresso qui me sembla inadapté à cet endroit convivial. Par mimétisme envers les nombreux consommateurs occupés sur leurs ordinateurs portables, je sortis mon Smartphone. J'entrepris de faire le ménage dans mes SMS que je négligeais habituellement. Il était maintenant 16h15, et le texto de confirmation de Frédéric indiquait bien 16h au Starbucks. « Je suis sûr que je te reconnaîtrai » m'avait-il dit. La salle était maintenant bondée, surtout par des étudiants qui venaient ici profiter de la wifi gratuite. Dans un recoin épargné par la lumière du jour, un baba cool au blouson en jean fatigué était plongé dans la lecture d'un journal chiffonné. Le cheveu rare et désordonné, la barbe de trois jours très tendance banalisaient sa présence. Je m'attaquais à ma boîte mails qui menaçait régulièrement de se bloquer. Une serveuse interrompit ce pensum en s'emparant de ma tasse vide. Je levais les yeux et constatais que dans le recoin, le journal était négligemment posé sur le siège. Sur le guéridon, un dépliant publicitaire à l'attention des clients servait de sous tasse à un mug. Je pensais à la nature morte de Picasso, « la chaise cannée », que j'avais vu peu de temps avant dans un musée à Bruxelles. Je m'apprêtais à replonger dans mon Smartphone et fut alors rattrapé par des images d'hier qui venaient éclairer celles d'aujourd'hui. Je sortis rapidement, portais mon regard à droite et à gauche. J'aperçus au loin le blouson en jean. La foule tanguait et je faillis renoncer. Peut-être parce que l'aimant était toujours actif, j'entrepris de suivre cet improbable Frédéric. Ce dos courbé bleu délavé flottait dans son blouson. Un passage piétonnier ralentit ma progression tout en renforçant ma détermination. Mon portable n'indiquait aucun signal d'appel, accréditant la thèse de la fuite. Je traversai la rue pour gagner le trottoir d'en face et tenter de déceler le souvenir de quelque trait sur son profil. Un kiosque à journaux éclipsa l'image imprécise que j'aperçus tournant vers le boulevard du Maréchal Foch. Ce qui n'était que la tentative d'une rencontre devenait une vraie filature.

Dans les films, les antihéros ont toujours eu ma préférence. Surtout les classiques du cinéma américain. Bogart dans le grand sommeil ou le faucon maltais, Nicholson dans Chinatown. Détectives intègres en milieu glauque et corrompu, ils ont enchanté ma jeunesse. Les situations inextricables dans lesquelles il n'y a que des coups à prendre préparent toujours une fin prévisible. Les efforts et les blessures des héros ne sont pas vains, la vérité s'invite toujours au bout de la pellicule. J'ai presque oublié Frédéric. Les personnages imprécis de Dashiel Hammet trottent dans ma tête avec ceux de Chandler et de Ray Carver. Le blouson en jean progressait lentement et je dus ralentir pour me tenir à une distance raisonnable. Les héros de ma jeunesse m'inspirent. Comme eux, j'anticipe les changements de direction pour éviter d'être repéré. Je me retourne sur une vitrine qui me renvoie Frédéric en hologramme flottant dans le crachin. Enfin j'aperçois ce visage que j'avais négligé au Starbucks. Ces joues creuses et ce teint gris ne laissaient en rien soupçonner le Frédéric à l'Alfa Roméo rouge. Je fus tenté de l'appeler avec mon portable et me ravisai bien vite. Je ne voulais pas prendre le risque d'interrompre ce rôle éphémère que le hasard m'avait attribué. Nous marchions maintenant à découvert sur les boulevards et aucune parade ne pourrait me mettre à l'abri de son regard s'il se retournait. Le froid humide s'intensifiait et nous hâtions naturellement le pas. Il releva le col de son blouson, enfonça ses mains dans les poches et creusa davantage ses flancs en serrant ses coudes. Sa démarche me surprit. Il marquait un temps imperceptible à chaque pas. Les années avait gommé ce tic mais son empreinte persistait. Mon intuition se précisait.

Je restai un moment sur le trottoir d'en face où je faisais les cent pas pour me donner une contenance. C'était une belle maison bourgeoise sur deux étages, en brique blonde aux avant-toits bâtis en quatre rangs de génoise. Frédéric avait gravi péniblement les quelques marches du perron de pierre derrière le lourd portail de fer forgé. Une voiture dut ralentir pour me permettre de traverser. Je croisais un instant le regard réprobateur de la conductrice et omis de lui adresser un petit signe pour m'excuser. Le grésillement de la gâche électrique me confirma l'ouverture du portail. La porte en bois mouluré miaula faiblement, délicatement tirée par une dame âgée qui aurait glissé des pages de « A la recherche du temps perdu », pour m'accueillir incarnée en hôtesse inattendue. Elle me pria d'entrer. « Vous cherchez Frédéric ? ». Elle sourit de ma surprise. Je vous attendais, dit-elle d'un air entendu. Le petit salon ressemblait à Mme

Degois. Elle vivait ici depuis toujours, avec ses parents, puis avec son mari et son fils. Après le décès de Mr Degois, il avait repris l'étude de notaire de son père installée à l'entresol de cette grande demeure. Elle insista pour m'offrir un thé, ou un café. « Avec ce froid, une boisson chaude vous fera du bien ». J'acquiesçais, perplexe et intrigué.

Le fils unique de Mme Degois était mort du sida trois ans auparavant. Elle l'avait maintenu dans cette grande demeure pour s'en occuper avec l'aide de Frédéric. Lui même cachait sa maladie depuis plusieurs années pour ne pas les inquiéter. Frédéric se reposait maintenant dans sa chambre au premier étage. Le virus implacable refusait la rémission attendue des derniers traitements, il rongeait irrémédiablement son organisme épuisé. Depuis quelques temps, Frédéric songeait à renoncer à se rendre au Starbucks prendre un café crème en lisant son journal. Ce lien ténu avec la société qui menaçait de se rompre, il parvint à le maintenir pour m'entraîner jusqu'ici, comme il sut le faire autrefois avec notre petit groupe. Mme Degois s'excusa en se levant précautionneusement. Elle revint un moment plus tard avec un paquet. « Je l'ai emballé moi-même de la part de Frédéric », dit-elle d'une voix émue. Avant de nous quitter, elle m'entraîna dans la cuisine, devant la porte fenêtre qui donne sur le jardin et un abri ouvert qui fait office de garage. « Regardez dit-elle en souriant ». L'Alfa Roméo rouge, avachie sur des pneus dégonflés, semblait se reposer à l'instar de son propriétaire.

Je m'égarais dans les rues piétonnes, la gorge nouée, le paquet serré contre ma poitrine. Mes pas m'emmenèrent vers le Starbucks. Je m'installais dans le recoin, maintenant très sombre. Je défis délicatement le paquet que Mme Degois m'avait recommandé d'ouvrir plus tard, comme le souhaitait Frédéric. Il contenait « Les Fleurs du mal », avec un mot hésitant griffonné sur un bristol jauni : « J'ai appris ma maladie le jour où je te l'ai emprunté. Il fut mon livre de chevet. Avec mes remerciements, je te le rend juste avant de partir définitivement ».

SCÉNARIO POUR UN ASCENSEUR

Les portes coulissantes en inox s'ouvrent sur deux tueurs à gages occupés à ruminer du chewing-gum. Je ne peux pas me défiler. Un seul pas, et je meuble les quelques décimètres carrés disponibles. J'ai patienté dans l'attente du tintement en mi bémol annonciateur de l'ouverture des portes, pour me retrouver avec deux types tout droit sortis d'un casting pour un film de Tarantino ! J'aurais dû prendre l'escalier, plus rapide et plus sûr. Avec leur costume noir à rayures et leur bagage à roulettes de la même couleur, j'espère qu'ils seront à la hauteur du scénario. Pourvu qu'ils ne se prennent pas au jeu. C'est idiot, mais je me demande de quoi je pourrais bien être coupable. Je me sens en position d'infériorité, comme un enfant qui sait qu'on peut toujours trouver matière à le punir. Miasmes d'une éducation révolue. Subsistance poisseuse d'interdits et de culpabilité.

Une légère secousse annonce le troisième étage. Un type limite obèse comprend qu'il devra attendre le suivant. Il n'a pas insisté, comme certains le font malgré l'exiguïté, poussés par la peur de rater leur avion. Les deux ruminants peut- être ? Ils sont imperturbables, ne se parlent pas, mâchent au même rythme. Et s'ils faisaient des bulles, ça les détendrait ? J'esquisse un sourire intérieur. Le plus jeune a les cheveux légèrement gominés et porte des lunettes. C'est un apprenti, accompagné par un senior pour son premier contrat. L'autre est un peu plus grand, plus massif, le cheveu court et rare, le regard plus dur. Je regarde le sol, l'air faussement absorbé. Leurs chaussures sont d'un noir impeccable, classique, exact reflet de l'ensemble. Les employés des pompes funèbres aussi ressemblent aux mafiosos. Ou le contraire, si on veut. Dans les deux cas, mauvais présage.

Cette réunion, je la redoute depuis longtemps. Cette fusion avec la Société Levox ne peut déboucher que sur des suppressions de postes. Le mien en particulier. Ils ont déjà un service achat bien étoffé. Je vois bien ce qu'ils savent faire, toujours une longueur d'avance pour trouver les produits les plus innovants. Alors, c'est peut-être mon dernier voyage à Londres, je m'y attends, ma tête ne vaut plus bien cher. C'est toujours comme ça, on ne peut rien faire sans vous demander votre avis, vous êtes incontournable, et puis le vent tourne. D'autres arrivent, plus jeunes, pleins de promesses, plus performants. Les regards se détournent, silence à la machine à café, convocation pour une réunion sans ordre du jour.

Je n'avais pas dormi de la nuit. Sommeillé tout au plus. J'ai échafaudé vingt situations possibles, imaginé les scénarios les plus improbables. Mes répliques sont prêtes, ma posture décidée, mon discours rôdé. Aurais-je seulement la parole ? Tout est souvent joué avant même que l'on vous entende, et votre intervention n'est que de pure forme. Pourtant, je sais bien que je peux être convaincant, déterminé, faire valoir... Mais quoi ? Il n'est plus temps de remâcher, comme le font ces deux caricatures qui fortifient leurs mâchoires. Pour quel combat ? Le col de ma chemise est trop serré. C'est le stress, j'ai pris un peu de poids. Mais je ne peux me résoudre à changer de taille, parce que le 40 est ma taille. Ou le redeviendra très vite, après tout ce cinéma. Je regrette le choix de ma cravate. Trop fantaisie. Un rouge sang avec un motif en fil doré. Un cadeau de Marie, elle choisit toujours mes cravates. Elle pense qu'il est inutile de porter un tel accessoire s'il est aussi terne que le costume de ces deux zigotos. J'ai un doute malgré tout, leur cravate est sombre et unie, et il me semble bien que le plus grand a remarqué la mienne en esquissant un rictus. Ou un sourire. Trop tard, il faut assumer. Je porte rarement un costume, trop convenu, classique et sans originalité. Mais aujourd'hui, je regrette presque d'avoir choisi un blazer, que je vais boutonner pour masquer ma cravate. Ce n'est peut être pas un jour à se faire remarquer.

Le plus âgé glisse une main dans la poche intérieure de sa veste, pour contrôler que son flingue est bien en place. Rassuré, il la retire doucement. Après tout, maintenant ou dans quelques heures outre-manche, autant le faire de suite, ça évitera d'avoir à rapatrier le corps. Je me demande si je ne suis pas prêt. Deux claquements secs, et le tour est joué. Je me suis toujours demandé ce que l'on ressentait dans ces cas là. Une intense douleur, mais tellement brève ! Finissons- en, il y a des mois que ça traîne, c'est usant. Les journaux ouvriraient la une sur la photo de l'ascenseur ouvert, une flaque de sang recouvrant presque toute la surface du lino noir comme le costard des deux truands. L'article insisterait sur le crime sans mobile apparent. Le plus petit porte des lunettes. J'hésite à provoquer son regard. Les yeux dans les yeux, dans un duel d'une telle proximité, je ne peux pas le rater. Je mesure cinq centimètres de plus que lui, je peux me fabriquer un visage sévère instantanément, j'ai l'entraînement pour ça, je peux gagner ! Le mi bémol libérateur retentit. L'ascenseur s'arrête enfin. Une jeune femme blonde au chic insolent fait rempart à notre sortie. Habillée par Saint Laurent, parfumée par Chanel, équipée par Vuitton et l'air vaguement condescendant, elle s'oblige à faire un pas de côté pour nous libérer. Surpris, le plus jeune étouffe mal un soupir admiratif. L'autre le couvre d'un coup d'œil entendu. Un autre jour, je lui aurais décoché mon « bonjour » des grandes occasions, voix profonde, ton enjôleur. Irrésistible. Elle aurait répondu : « bonjour ». Pas si mal à six heures du matin en sortant d'un ascenseur qui couine.

Dans le hall interminable de l'aérogare, les tueurs à gages sont loin devant moi, un contrat urgent sans doute. Je presse le pas. Je perçois le bruit de roulement de leur bagage. A l'enregistrement, deux croque-morts les attendent. Un congrès ? Le visage rond et lisse de l'un d'eux me dit quelque chose. Ils se détendent au contrôle, enlèvent leur veste. Vigipirate oblige. Pas de flingue, je suis presque déçu. Je prends mes distances et file en direction des toilettes. Une heure idéale pour soulager sa vessie, les urinoirs sont d'une propreté irréprochable. Dans une heure ou deux, l'affluence aura eu raison de l'éclat de l'émail blanc. La porte gémit doucement. L'aîné des mastiqueurs de chewing- gum s'installe à deux urinoirs du mien. Je me concentre. Impossible de commander le processus de délestage habituellement naturel. Et si j'avais subitement un problème de prostate ? Manquerait plus que le cancer pour me pourrir la vie ! Mais pour ce que j'en sais, c'est encore un peu tôt. L'autre n'a pas le même blocage, il m'ignore et s'en va enfin. Le cycle naturel d'élimination reprend ses droits. Je respire. Une boule vient se bloquer dans ma gorge. Il y avait longtemps ! Nous fûmes compagnons de voix enrouée pendant des années. C'était presque devenu normal, cette gorge serrée, que je détendais difficilement en massant mon cou entre le pouce et l'index. Un tic disaient certains. Je ne démentais pas.

En salle d'embarquement, le quarteron de flingueurs parle d'un pub à Londres, où il fait bon se retrouver entre copains. Le rondouillard au visage lisse me regarde à plusieurs reprises. Je me réfugie dans la consultation assidue des mails sur mon Smartphone. Pas envie d'échanger un mot avec des portes flingues. Il hésite, puis s'avance vers moi en souriant. J'ai un flash. Le petit déjeuner des responsables achat à la chambre de commerce.

— Bonjour, je vous reconnais.

— Oui... moi aussi, vous allez à Londres ?

— Je pense que nous allons au même endroit, convoqués par le même patron.

Je suis interloqué, incapable de mettre un nom sur son visage, ni très sûr de l'entreprise qui l'emploi. J'avale stoïquement la boule qui vient se loger plus bas, dans mon estomac, et lui rend un sourire un peu crispé. - On parle sérieusement de la fusion de nos deux sociétés avec le groupe Levox. On parle aussi de vous pour diriger le service Franco-Britannique. La boule se volatilise, instantanément digérée. J'échange mon projet de duel contre une des postures imaginées quelques heures plus tôt dans mon insomnie. Mon buste se redresse, et je peux faire valoir mes cinq centimètres de supériorité. Je hoche la tête d'un air entendu. Les trois autres tueurs-croques-morts-mafiosos s'approchent. Je décline mon identité. L'homme au visage lisse les informe que je pourrais bien devenir leur patron. Ils encaissent avec un demi sourire. L'hôtesse annonce un embarquement imminent. Je propose que nous prenions un verre à Londres en arrivant. Approbation générale. Les tueurs sont aux ordres.

ÉLISA

Ce jour là, Elisa remarqua ses manières frustes qui lui étaient pourtant familières. Daniel trempait le pain grillé dans son café au lait comme on plonge une éponge dans l'évier. Il l'essorait ensuite sur le bord de la grande tasse en se penchant pour la happer. Deux bouchées par tranche de pain de mie suffisaient, soit six bouchées en tout pour démarrer la journée. La confiture qui avait coulé au fond de la tasse était récupérée après qu'il ait englouti le breuvage en apnée. Lorsqu'il reposa son bol, il souligna d'un trait appuyé ses lèvres baveuses avec sa serviette, se leva sans un mot, sans que ses yeux ne se posent sur Elisa assise face à lui. Elle imagina que les boutons de sa veste de pyjama trop tendue sur son ventre, pourraient brusquement se détacher sous la pression et l'atteindre au visage. Elle demeura songeuse en laissant défiler un moment les images d'un album imaginaire dans sa tête : des photos à la bordure dentelée en noir et blanc, aux couleurs estompées par le temps ou plus récentes, glissées en vrac en attendant un meilleur traitement. Les souvenirs heureux surgissaient mais n'avaient pas le temps d'éclore devant ses yeux, aussitôt contrariés par une succession de clichés qui se bousculaient en accéléré avant que le film ne se casse. Ces ruptures successives rythmaient une pellicule floue que sa mémoire restaurait à son insu. Lorsqu'elle se décida à boire son café, il était à peine tiède.

Depuis quelque temps elle prenait tout son temps, observait son environnement comme si elle le découvrait. Il lui était arrivé quelquefois de ralentir au feu pour attraper le rouge, d'essuyer avec indifférence quelques coups de klaxons. Un mélange de provocation et de mise à l'épreuve de sa capacité de résistance l'animait, sans qu'elle sache vraiment l'analyser. Jamais auparavant elle n'aurait osé arriver en retard au travail. Maintenant, les cinq ou dix minutes de retard qu'elle se permettait avaient la douceur d'un carambar chipé à l'étal de la boulangère lorsqu'elle était enfant. Une peur délicieuse montait alors dans sa poitrine et rosissait ses joues. Elle oubliait, parfois jusqu'à la récréation, la friandise enfouie prestement dans la poche de sa robe. Le plaisir était ailleurs, dans cet espace infime entre le regard détourné de la boulangère au chignon opulent et le geste calculé de la petite fille. Cette transgression exceptionnelle donnait au quotidien un goût de première fois, et elle se demanda si une première fois avec Daniel serait possible aujourd'hui. Elle remisa cette interrogation pour l'instant. Lorsqu'elle voulut prendre sa voiture, la roue arrière droite depuis longtemps dégonflée était presque à plat. « Ouais, je vais m'en occuper » disait son mari agacé. Elle referma calmement le garage et marcha jusqu'à l'arrêt du bus.

A la CETEM, le développement de l'informatique l'avait d'abord soulagée avant de grignoter insidieusement son emploi. En quelques clics elle faisait apparaître par magie des documents élaborés ailleurs, au siège social. Hier, elle devait s'appliquer à les fabriquer. La comptabilité, pour des tâches subalternes avait été son dernier refuge avant le magasin. Son titre d'assistante commerciale lui avait été conservé avec son salaire. Après avoir vérifié le stock, elle préparait les bons de livraison sur l'ordinateur intégré au pupitre devant les rayonnages. Un jour sans doute, il faudra revêtir la blouse grise avec le logo rouge de l'entreprise et amener les colis jusqu'au quai de chargement. On parlait même d'un convoyeur automatique... Ça serait pour elle l'antichambre du chômage. C'est avec une demi heure de retard qu'elle alluma son écran. Elle découragea le regard interrogateur d'un collègue en claquant sa langue contre son palais. L'heure des justifications était passée. L'horloge qui régissait la programmation de ses réactions s'était décalée, le pilotage à vue reprenait ses droits et des sensations oubliées remplaçaient lentement les habitudes inculquées. A la pause déjeuner, elle se rendit à pied à la croissanterie du petit centre commercial et commanda un coca et une part de pizza. Elle pris ensuite un déca, pour compenser la caféine du coca. Le local du déjeuner de l'entreprise la déprimait, et la conversation des collègues l'ennuyait. Le logiciel de gestion du temps de travail indiquait un fort retard accumulé qu'elle devait combler avant la fin du mois. Elle savait qu'elle ne le ferait pas.

Le bus malmenait les voyageurs fatigués par leur journée au bureau ou à l'atelier. Les chaos de la route secouaient ses pensées, et il fallait arriver sur la nationale pour être bercé par le léger roulis auquel elle prêterait le mouvement de sa tête. Son portable avait bipé dans la journée pour signaler de nouveaux SMS. Elle avait esquissé un mouvement pour les consulter, puis s'était ravisée. Elle découvrait maintenant des publicités pour les soldes, des jeux où elle pourrait gagner quelque objet inutile qu'elle n'irait pas chercher. Sa fille la sollicitait pour garder samedi son fils âgé de quatre ans. A cinquante ans, c'était l'occupation habituelle de ses amies, et la sienne aussi. Avant, elle aurait répondu oui de suite en souriant, imaginant comment distraire son petit fils. Elle dira oui, sans doute, mais pas maintenant. Elle appela Daniel d'un clic dans sa conscience comme elle ouvrait un dossier dans son ordinateur, et les yeux mi clos, elle laissa son corps las glisser sur le siège. Cette première fois, elle ne la lui accorderait pas aujourd'hui, c'est une certitude qui se forgeait en elle depuis le matin. Des évènements qu'elle croyait enfouis à jamais surgissaient de sa mémoire comme des débris d'épave que la mer enfin libère. La routine, assoupie dans le confort, avait anesthésié le passé, transformé en molles jérémiades des velléités de révolte. Son image de femme heureuse en ménage se brouillait, de mère aimante et de grand-mère comblée s'estompait, d'employée qui s'accommode d'humiliations sans broncher l'insupportait. Elle osait s'éveiller à des réalités trop longtemps niées, recouverte d'oripeaux dont elle voulait se débarrasser. Elle découvrait que le présent lui appartenait, qu'elle pouvait décider. Plusieurs fois il lui sembla entendre de brèves sonneries. Un portable qui prévient sans doute de la réception de mails ou de SMS. Elle ouvrit malgré tout les yeux et reconnut le quartier de la Roseraie, deux arrêts après le sien. Elle se souleva de son siège pour appuyer sur le bouton qui commanderait le prochain arrêt. Mais elle interrompit son élan et retourna à ses songes. Elle ferait un tour complet avant de rentrer à la maison. Elle expliquerait à Daniel que son manque de pratique des transports en commun l'avait mise en retard. Il se déciderait peut être enfin à faire réparer la roue de sa voiture.

C'était au mois de mai. Elisa traversait la place de la mairie en relevant la tête pour mieux sentir l'air frais du matin. D'un geste machinal, elle ordonnait du bout des doigts ses longs cheveux châtains qui caressaient son visage de jeune fille de dix sept ans. Elle appréciait cette heure matinale avant de rejoindre le bus qui l'amènerait au lycée. Personne, pensait-elle, ne pouvait voir à ce moment là ce mouvement irrépressible qui la faisait pencher vers la droite à chacun de ses pas, et que sa semelle orthopédique ne pouvait compenser. Devant l'abribus, elle se tenait un peu à l'écart, redoutant une bousculade qu'elle ne pourrait supporter. Avec sa robe imprimée de motifs colorés et son chemisier jaune, elle était comme une fleur fragile qui risque à chaque instant d'être piétinée par des gamins chahuteurs. Un jour qu'il pleuvait, elle fut déséquilibrée par le flot de lycéens trop pressés, et recueillie sans effort par des bras puissants qui lui évitèrent la chute. Elle n'éprouva aucune peur, et c'est l'émerveillement provoqué par cette chorégraphie improvisée qui fit battre son cœur. Elle avait souvent vu ce jeune homme sans jamais lui avoir adressé la parole. La soudaineté de cet événement et l'émotion spontanée qu'elle éprouvait désinhibèrent la jeune lycéenne. Elle se surprit à bavarder avec Daniel tout le long du trajet. Il terminait un cycle d'études en alternance dans une banque et cet emploi l'obligeait à porter costume et cravate. Elle le trouvait très élégant, tellement différent des jeunes qu'elle côtoyait habituellement. Et de son père aussi, modeste employé des postes, impressionné par ce jeune homme aux allures de trader. Daniel accepta sa claudication et se montra très protecteur. Elle le gratifiait d'une reconnaissance soumise, qui vacillait depuis qu'un chirurgien l'avait convaincue de subir une opération maintenant bien maîtrisée. Elle dut se rééduquer pour marcher normalement, et son complexe s'estompait en même temps que son statut de handicapée la quittait. Daniel s'était montré réticent pour cette opération, insistant plutôt sur les risques que sur les bénéfices. Il avait finalement lâché prise et adhéré sans enthousiasme au projet de son épouse. Elisa fragile, limitée dans ses mouvements lui appartenait. Il craignait que son autonomie soit un cadeau qu'elle ne lui ferait pas partager. La silhouette de Daniel s'était voutée, son corps alourdi, alors qu'Elisa s'inventait une démarche qu'elle n'avait jamais osé espérer. Elle découvrait une brèche là où il n'y avait hier qu'une fissure imperceptible, colmatée par les concessions réciproques d'un mari veule et d'une épouse handicapée.

De l'inconfort ou du froid, elle n'aurait su dire lequel l'avait réveillée. Elle éprouva quelque gêne pour extraire son corps engourdi à demi allongé sur la banquette. Elle avança dans l'obscurité, maintenant son équilibre en tâtonnant le haut des sièges, comme si le bus roulait. Un blouson soigneusement disposé sur le dossier du chauffeur la fit hésiter, mais le froid lui donnait des frissons. C'était un lourd blouson en cuir qui l'enveloppait comme un manteau. Un reflet lui indiqua une petite bouteille d'eau sur le porte verre du tableau de bord.

En se penchant pour l'attraper, elle vit deux barres chocolatées sur un vide poche, au milieu de trombones et de porte-clés sans doute depuis longtemps oubliés là. Le siège du conducteur était plus confortable, elle s'y installa et consulta son portable dont elle n'avait pas entendu le vibreur. Daniel avait laissé trois messages lui demandant simplement de la rappeler. Sur le dernier message, la voix était mal assurée, enrouée, presque inquiète. Sa fille aussi, alertée par son père, avait appelé sur un ton plus ferme, presque maternel. Ses yeux s'étaient habitués à l'obscurité, elle jeta un regard circulaire à l'extérieur. Des bus fantômes étaient soigneusement rangés, mastodontes inutiles assoupis dans le dépôt de la compagnie municipale. Elle but un peu d'eau et décortiqua les barres chocolatées qu'elle dégusta lentement. Elle éprouva la même sensation qu'autrefois, lorsque par jeu, elle avait quelquefois chapardé un carambar dans la petite boulangerie près de son école. Elle ignora son téléphone qui vibra à nouveau. Elisa retourna se lover sur la même banquette qui l'avait accueillie en montant dans ce bus. Elle serra les deux pans de sa veste sur sa poitrine et chercha le sommeil en rêvassant, comme enfant elle aimait le faire, blottie dans son refuge, sous l'escalier de leur modeste logement. Son infirmité s'accommodait mal de cette position et elle devait trop vite y renoncer. Aujourd'hui, elle en profitera jusqu'au bout de ses songes, jusqu'au petit matin. De retour à la maison, elle découvrira le bol de Daniel maculé des miasmes de son petit déjeuner, posé sur un lit de miettes à côté de d'une serviette chiffonnée.

Gérard Lacoste a publié des nouvelles dans les
revues littéraires *Nouveaux Délits*
et *Rue Saint Ambroise*.

www.ingramcontent.com/pod-product-compliance
Lightning Source LLC
Chambersburg PA
CBHW030346180626
46812CB00007B/2783